한양의 물길을 걷다

한양의 물길을 걷다
사라진 물길 위에서 만나는 역사 이야기

도경재 지음
모두출판협동조합(이사장 이재욱) **펴냄**
초판 1쇄 발행 2020년 10월 22일
디자인 김성환 / **ISBN** ISBN 979-11-89203-22-1(03980)
ⓒ도경재, 2020
modoobooks(모두북스) 등록일 2017년 3월 28일 / **등록번호** 제 2013-3호
주소 서울특별시 도봉구 덕릉로 54가길 25(창동 557-85, 우 01473)
전화 02)2237-3316 / **팩스** 02)2237-3389 /
이메일 ssbooks@chol.com

*책값은 뒤표지에 씌어 있습니다.

한양의 물길을 걷다

사라진 물길 위에서 만나는 역사 이야기

문화해설사 도 경 재

협동조합출판사

| 시작하는 글 |

해설사로서 시도하는 작은 도전

　기억 속의 첫 번째 집은 성곽 아랫집이다. 성북동 좁디좁은 골목 끝부분 비탈에 있던 집의 뒷담은 높은 성곽이었다. 바로 오늘날 한양도성을 끼고 있던 집에 세 들어 살았다. 아래쪽 계곡에서는 물놀이를 하면서 가재를 잡았던 기억이 아직도 생생하다. 성북동 산동네에서 시작된 어린 시절의 집에 대한 기억은 몇 차례에 걸친 이사, 그리고 중학교 2학년 때부터 지난해까지 줄곧 살았던 명륜동 집에서 멈추게 된다.
　성북동에서 십 수 년, 그리고 명륜동에서 사십칠 년 동안 살아오신 부모님으로 인해 성북동과 혜화동, 명륜동을 중심으로 인근 지역과 오랫동안 연을 맺을 수 있었다. 이는 '집은 사는(거주하는) 곳이지, 재산 증식의 수단이 아니다.'라고 생각하셨던 부모님의 집에 대한 남다른 철학 덕분(?)이었다.
　어린 시절 친구들과 칼싸움, 구슬치기, 다방구, 쥐불놀이 등 갖은 놀이를 하며 누비던 골목길은 중고등학교 시절의 통학로가 되었다.

대학 시절에는 최루탄의 매캐한 연기와 경찰의 불심검문을 피해 다니던 탈출로였고, 그 이후 생활인이 되어서는 생각 없이 걷던 또는 부모님을 만나러 가는 의례적인 길이기도 했다.

그렇게 별 비중 없던 동네 골목길이 어느 순간 커다란 의미로 다가오기 시작했다. 뒤늦게 역사문화를 공부하기 시작하면서부터다. 무심코 걷고 지나던 골목길이 수백 년에 걸친 이야기를 담고 있고, 또 역사 속 인물들과 연관되어 있음을 알게 되었다. 그렇게 서울은 역사의 길로 내게 다가왔고, 나는 그 길에 매료되었다.

한동안 '역사를 품은 길'을 걸었다. 그러다가 일부 중요한 역사길 아래쪽에 물이 흐르던 물길이 있음을 알게 되었다. 오래전부터, 아니 적어도 조선시대 도읍이던 한양에서는 물이 흐르던 물길 옆으로 나란히 길이 있었다.

한양의 중심을 흐르던, 한양의 기준이 되던, 사람들을 모으고 가르던, 마을을 이루고 집이 앉을 방위를 결정하던, 그리고 빼어난 경치를 자랑하던, 생활하수와 오수를 나르는 등의 역할을 하던 것이 바로 한양도성 안을 흐르던 물길이다. 한양의 물길은 그것이 맡았던 역할만큼 중요했고, 또 헤아릴 수 없이 많은 이야기를 품고 흘렀다.

옛사람들의 삶에 영향을 미치면서 어느 정도 그들의 삶을 결정했던, 아니 어쩌면 그들의 삶을 지배했다고 해도 과언이 아닐 물길을 이해하면 그 시절을 이해하는 데도 도움이 될 것이라는 생각을 하게 되었다. 그로부터 서울의 사대문 안, 한양의 물길에 관심을 갖기 시작했고, 우리가 무심코 걸었던 많은 길이 예전에 물길과도 연관이 있음을 알 수 있었다.

역사를 전공하지 않았고, 딱히 물길에 관하여 강의를 들은 적도 없었다. 무작정 도서관의 도서목록을 검색하고, 서울역사박물관을 비롯한 교양강좌의 과거 목록을 뒤지면서 자료를 찾기 시작했다. 만족할 만한 자료를 찾기는 쉽지 않았다. 어렵사리 찾은 한 자료는 한양의 물길과 다리를 잘 정리해 놓았지만, 사라진 다리를 중심으로 정리한 자료라 이에 의존하여 물길을 답사하기에는 어려움이 있었다.

그래서 생각했다. '전문가가 아니면 어때! 해설사의 입장에서 자료를 정리해보자!'

이렇게 시작한 물길 공부는 서울의 사대문 안을 흐르던 물길을 찾아 헤매는 것으로 이어졌다. 옛 지도와 오늘의 지도를 프린트하여 들고 다니면서 골목을 헤집고 다니면, 가끔은 재개발 관련하여 조사를 나온 것으로 오해를 받기도 했다.

조선시대의 지도는 물론 대한제국 시기에 발행된 지도, 그리고 일제강점기 시기별로 변화되는 물길이 표기된 지도들을 비교해가면서 오늘날 어느 골목이 물길인지를 찾는 것이 쉽지는 않았다. 옛 지도에 표기된 물길과 최근의 자료가 현격히 맞지 않는 경우는 그 지역을 몇 차례씩 반복적으로 돌아다니며 흔적을 찾고자 했다.

어쩌다 나이 많은 토박이 주민을 만나 "예전에 이 골목으로 물이 흘렀다."는 얘기를 들으며, 내 생각이 맞았다는 것을 확인할 때면 기쁘기 그지없었다. 아마도 그 맛에 물길 답사를 멈추지 못하고, 계속 이어갔는지도 모르겠다.

2019년 여름, 서울시도심권50+센터를 통해 물길 답사 프로그램을 개설하였다. 처음 시도하는 프로그램이라 걱정이 앞섰지만, 기우였다. 접수를 시작하자, 답사를 신청하는 사람들이 몰리면서 생각지도 못한 큰 호응을 얻었다.

무더위를 아랑곳하지 않고 물길이 사라진 아스팔트 위를 걸으면서도 새로워하던 사람들의 반응을 잊을 수 없다. 땡볕 아래에서의 오랜 시간에 걸친 답사임에도 힘든 줄 모른 채 성황리에 프로그램을 마칠 수 있었다.

해가 바뀌고 1차 물길 답사 프로그램에서 빠졌던 목멱산(남산) 일원에서 발원된 물길에 대한 답사도 이어졌다. 개천(청계천) 북쪽의 물길이 비교적 찾기 쉬웠다면, 남쪽의 물길은 일찍부터 암거화되고, 개발로 인해 물길을 틀거나 아예 없애버린 탓에 그 흔적을 찾기가 쉽지 않았다. 그로 인해 남산 기슭에서 청계천까지 마스크를 끼고 열 손가락이 부족하도록 걷고 또 걸었다.

어렵게 물길을 찾아 걷다가 길에서 마주친 지인들은 "책을 쓰려고 하는 거냐?"고 물었다. 애초 물길에 대한 호기심으로 시작했고, 답사 프로그램을 염두에 둔 답사였지만, 지인들과의 만남과 대화 속에서 '그래, 책으로 정리하는 것도 좋겠다.'는 데 생각이 미치게 되었다. 언제라도 부족함이 모두 채워지지는 않겠지만, 답사의 결과물을 책으로 묶어내기로 마음먹었다.

역사 또는 지리를 전공한 교수나 관련 분야의 전문가들은 자신들의 전공이 아닌 다른 영역 또는 인근 분야에 대해 이야기하는 것을 조심스러워하는 경향이 있다. 안타깝지만 바로 이런 점이 필자가 용기를 내게 된 이유다.

기자 경력을 가진 필자가 현장에서 활동할 때는 여러 분야, 다양한 주제에 대해 기사를 썼다. 이러한 기자로서의 경험은 한양의 물길과 관련한 여러 주제의 내용을 한데 엮어보자는 어쭙잖은 의욕을 낳았다. 역사나 지리를 전공한 전문가는 아니지만, 나와 같은 주제에 관심을 가지고 답사하는 이들에게 작은 도움이나마 될 수 있다면 더할 나위 없이 좋겠다는 생각으로 겁 없이 작업을 시작하게 되었다.

혹자는 무모함이라고 나무랄 수도 있겠지만, 이 작은 시도가 역사·문화 해설 분야에 작은 점으로라도 흔적이 남는다면 그것으로도 충분하다. 또 미흡한 작업으로 인해 혹시라도 있을지도 모를 내용의 오류에 대한 지적과 조언은 기꺼이 받아들일 준비가 되어 있다.

한성부는 한양도성과 성저십리로 구분되고, 오늘날의 서울로 확대된다. 이번 작업은 한양도성의 내사산에서 발원해 도성 안으로 흘러내린 물길, 다시 말해 한양도성 내에서 내수인 개천으로 합류하는 물길에 한한다.

한양도성 내의 물길에 대한 총론을 비롯해 내용의 일 부분은 역사와 지리를 연구한 학자와 전문가들이 강의와 출판물 등을 통해 이야기한 내용들 가운데 관련된 부분을 간추렸다. 가능하면 누가 어떤 말을 했고, 어떤 생각을 갖고 있는지 밝히고자 노력했다. 수없이 많은 갈래의 내용과 주장 가운데 필자가 빌려와 인용한 내용들은 그들의 주장이 나의 생각과 같기 때문이다.

이번 작업은 여러 논문과 저서, 그리고 다양한 매체에 실린 글 등 많은 자료의 도움을 받았지만, 논문을 쓰듯 일일이 각주를 달지는 않았다. 그렇지만 가능하면 자료의 출처를 알 수 있도록 했다. 또 직·간접적으로 참고한 모든 자료는 별도로 밝혀 놓았다. 이 작업을 하면서 크고 작은 도움을 받은 자료를 작성한 모든 분들께 감사의 마음을 전한다.

『한양의 물길을 걷다』가 책으로 엮여 나오기까지 가장 큰 힘이 된 것은 '50+'이다. 서울시도심권50+센터의 2차례에 걸친 '커뮤니티성

장프로그램' 선정은 '한양의 물길을 걷다' 프로그램과 집필에 자부심과 자신감을 갖도록 해주었다. 지면을 빌어 서울시도심권50+센터의 이형정 센터장과 황현정 팀장, 차지현 PM, 조인근 PM을 비롯해 모든 도심권50+센터 가족들의 아낌없는 지원과 도움에 감사의 마음을 전한다. 또한 서부캠퍼스의 '새싹지원프로그램' 선정은 지지부진하던 작업에 마감속도를 높여 오늘의 결실이 있게 해주었다. 지금은 50+재단으로 자리를 옮긴 최정희 PM에게도 고마움을 전한다.

또 여러 차례 반복되는 사전답사도 마다하지 않고 함께 걸으며 답사한, 아낌없이 사진 자료를 도와준, 집필을 격려해준 동료들, 그리고 무더위와 코로나19에도 굴하지 않고 마스크를 낀 채 방역수칙을 지키며 물길 답사에 참여했던 모든 분께도 감사의 마음을 전한다.

이 책을 읽는 독자들에게는 '한양의 물길'을 따라 걸으며 그 길 위에 남겨진 옛이야기를 만남으로써 한양과 오늘의 서울을 이해하는 데 조금이나마 도움이 되기를 바란다. 그리고 스스로에게는 이 작업을 시작으로 게으름 없이 후속 작업을 이어나가는 계기가 되기를 간절히 바란다.

언택트를 말하는 시대에 현장에서 답을 구(求)하며....

2020년 가을 지은이

/
차례
/

해설사로서 시도하는 작은 도전·· 4
한양의 물길, 서울의 길이 되다·· 13

01 백운동천·· 24
02 옥류동천·· 42
03 사직동천·· 54
04 경북궁내수·· 62
05 경희궁내수·· 66
06 삼청동천·· 72
07 대은암천·· 82
08 창경궁옥류천·· 92
09 안국동천·· 98
10 회동천·· 110
11 제생동천·· 124
12 금위영천·· 132
13 북영천·· 138

14	반수천·흥덕동천	146
15	창동천	162
16	정릉동천	168
17	회현동천	178
18	남산동천	190
19	이전동천	198
20	주자동천	202
21	필동천	210
22	생민동천	214
23	묵사동천	218
24	쌍이문동천	224
25	남소문동천	230
26	청계천	244

기록으로 보는 한양의 개천 ································· 258

| 일러두기 |

『한양의 물길을 걷다』는 사라진 물길의 흔적을 따라 걷는 데 도움을 주는 물길 안내서이다. 이 책은 역사문화 해설서가 아니다. 따라서 특정 지점에 대한 내용은 개요에 불과하다.

이번 작업은 한양도성 안에서 발원해 내수인 개천으로 합류하는 물길에 한한다. 물길의 구분과 명칭은 박현욱의 『서울의 옛 물길 옛 다리』를 기준으로 하지만, 반드시 이를 따르지는 않았다. 박현욱은 개천 이외의 물길을 24개로 설명한 반면, 여기서는 도성 내 물길을 25개로 구분하였다.

물길의 순서는 편의상 북쪽 물길을 먼저, 남쪽 물길을 나중에 다루되 서쪽부터 동쪽의 물길 순으로 살펴본다. 다만, 개천의 발원 물길과 개천 본류로 흘러드는 물길을 중심으로, 물길의 위치와 상관없이 제1지류를 먼저 다루고 이어서 제2지류, 제3지류 순으로 살펴본다.

지도에 표기된 물길 색은 물길의 지류 단계를 말한다. 하늘색은 개천(청계천) 본류, 초록색은 제1지류, 주황색은 제2지류, 보라색은 제3지류를 말한다.

본류인 개천(청계천)은 1900년 이전에 설치된 다리를 중심으로 살펴본다.

전문적인 내용과 자료의 인용은 출처를 표기하여 도움을 받았음을 밝힌다.

한국민족대백과사전, 지명사전, 다음백과 등에 나오는 일반적인 내용에 대해서는 별도로 출처를 표기하지는 않았다.

여러 자료에 중복적으로 나오는 일반적인 내용을 담은 자료는 '참고자료'에 밝힌다. 기타 직간접으로 참고한 모든 자료 또한 '참고자료'에 밝힌다.

본 책자에 실린 물길 약도의 바탕지도는 카카오맵이며, 카카오맵서비스 오프라인 지도 사용 가이드에 따라 출처를 표기한다.

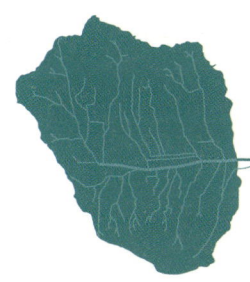

한양의 물길, 서울의 길이 되다

한양은 내사산(內四山)에 둘러싸여
　　　 내수(內水=개천開川)를 품고 있는
　　　 인구 10만의 기획도시이고,
서울은 외사산(外四山)에 둘러싸여
　　　 외수(外水=한강漢江)를 품고 있는
　　　 인구 1,000만을 수용하는 도시이다.

　홍순민 교수(명지대 기록정보과학전문대학원)가 한양과 서울을 규정한 내용이다.
　필자가 역사를 공부하면서 보고들은 여러 책자와 강의 가운데 한양과 서울의 특색을 명쾌하게 구별하며, 가장 잘 표현한 말이라 생각된다. 여기서 한양은 한양도성만을 의미한다.

한양에서 서울로
홍 교수는 또 <북한산과 한강 사이 한양도성>이라는 강좌를 통해 한양도성을 이렇게 설명했다.

　좁은 의미에서 도성은 도읍의 경계를 분명하게 표시하기 위한 시설로, 내사산이라는 자연지형에 인공적으로 경계선을 추가한 것이라고 규정했다. 반면 넓은 의미에서는 한양도성과 성저십리(남동으로는 한강변까지, 북으로는 북한산 자락까지, 동으로는 짧게는 중랑천변까지, 멀게는 아차산 자락까지)를 포함하는 지역을 모두 도성으로 보았다.

  한양도성의 경계가 된 내사산은 백악산, 타락산(낙산), 목멱산(남산), 인왕산을 말한다. 한양은 경성을 거쳐 서울로 명칭이 바뀌었고, 그 영역도 지금의 서울에 이르기까지 여러 차례 확장을 거쳤다. 한양은 조선시대 한성부가 관리하던 한양도성과 성저십리를 포함한 지역에서 출발하였으나, 경성을 거쳐 서울에 이르기까지 점차 그 범위가 확대되어 오늘날은 삼각산(북한산), 아차·용마산, 관악산, 덕양산 등 외사산이 그 경계가 되었다.

  내사산의 능선이 한양도성의 경계가 되었듯이 오늘날 서울시의 시계도 많은 부분 산능선(외사산)을 그 경계로 하고 있다.

  이상구 교수(경기대 건축학과)는 '한양도성에서 현대도시 서울로의 변화는 내사산 영역에서 외사산 영역으로 도시가 성장한 것'이라고 말한다.

  이 교수는 또 '서울(땅의 형상)은 이중 분지로, 안쪽 분지에 한양도성이, 바깥쪽 분지에는 현대도시 서울이 자리하고 있다.'고 했다. 한양에서 서울로의 확장은 안쪽 분지에서 바깥 분지로의 확산을 의미하며, 안쪽 분지는 내사산 바깥 분비는 외사산에 둘러싸여 있다.

  분지의 경계, 다시 말해 지역과 지역의 경계가 되는 산은 고갯마루와 구릉으로 이어진다. 그 사이사이는 골이 되며, 골을 따라 물이 흐른다. 조선의 왕도(王都) 한양이나, 대한민국 수도 서울의 자연도 이 원칙에서 벗어나지 않는다.

  한양의 내사산에서 도성 안으로 흘러내린 작은 물길들은 한양의 내수인 개천(開川)으로 모여들어, 서에서 동으로 흘렀다. 외사산으로 둘러싸인 지역의 물길은 모두 외수인 한강으로 모여들었다. 한강으로 합류하는 물줄기 가운데 동(東)으로 아차산 서쪽의 중랑천부터 서(西)로는 덕양산 동쪽의 창릉천까지 한강의 북쪽에서 한강으로 흐른 것은 성저십리의 물길이다. 이밖에 남쪽에서 한강으로 흘러드는 물길은 확대된 영역인 오늘날의 서울을 흐르는 물길이다.

자연의 법칙, 산자분수령(山自分水嶺)

한양도성의 안팎 구분 없이 물길이 생기는 것은 자연의 이치에 따른 것이다. 조선 후기 문신이자 학자인 신경준(1712~1781)은 영조 때 조선의 산맥(山經)체계를 도표로 정리한 지리지 <산경표(山經表)>를 펴냈다.

한국민족문화대백과사전에 따르면 <산경표>는 조선의 산맥체계를 수계(水系)와 연결하여 일목요연하게 정리한 것으로, 조선의 전통적인 산지 분류 체계를 파악할 수 있다는 점에서 중요한 의의를 지닌다.

신경준은 <산경표>를 정리할 때, '산자분수령(山自分水嶺)'을 기본 원칙으로 삼았다. '산은 스스로 물을 나누는 고개가 된다.' 다시 말해 '산은 물을 가르고, 물은 산을 넘지 못한다.'는 자연의 법칙에 따라 물길이 형성되었고, 한양의 물길에도 이 원칙은 그대로 적용되었다.

내사산의 산줄기를 연결한 한양도성은 지형의 경계에 따라 만들어졌기에 그 자체가 바로 도시의 경계가 되었다. 옛 한양의 지도를 펼치면 내사산 능선에서 이어지는 구릉과 골을 확인할 수 있다. 사람들은 구릉과 골을 따라 자연에 순응하며 살았고, 그 결과 산길과 물길, 고갯길과 골목길이 생겨났다.

이상구 교수에 따르면, 내사산의 산줄기가 도시로 스며들어 고갯마루(구릉)와 그 사이 골(물길)을 만들어 도시가 자리 잡은 땅의 형상을 만들어낸다. 땅의 형상은 건축물과 구조물 등 여러 개별적 요소를 묶어 도시라는 집합체를 만들어내고, 이 집합의 질서에는 땅의 질서가 반영된다는 것이다. 땅의 질서는 사람들이 모이고 흩어지는 등 삶에 영향을 주었고, 사람들은 땅의 질서에 순응하며 살아왔다.

오늘날에도 인위적으로 물길을 비틀고, 산을 깎아 없애지 않은 한 땅의 질서는 이 틀에서 벗어나지 않는다.

자연에 순응한 한양의 길과 물길

양승우 교수(서울시립대 도시공학과, 서울학연구소장)는 2020년 5월에 발간된『청계천 지천 연구』에서 '조선의 한양은 물의 도시'라고 했다.

> 내사산에서 발원한 물은 산세를 따라 흐르는 24개의 지천이 중앙의 開川(현재의 청계천)으로 모이는 형국이다. …(중략)… 따라서 한양은 물길을 빼놓고는 설명할 수 없는 도시인 것이다.

양 교수는 디지털 수계를 도출하기 위해 지형을 복원하고, 이를 기준으로 유로와 유역을 도출하여 복원지형에 의한 디지털 수계를 작성했다. 또 1912년 지적원도 상의 청계천과 지천을 도출했다. 이런 과정을 통해 '조선후기 복원된 지형과 자연수계(디지털 수계)'와 '지적원도(1912년)에 의한 수계(인공수계)'를 추출하였다. 이렇게 작성된 조선시대 자연수계(디지털 수계, 빨간색)와 도시개발 양상이 표현되어 있는 인공수계(지적도 수계, 파란색)의 비교를 통해, 조선시대 한양의 도시건설과 수계와의 관계를 확인할 수 있다.

『청계천 지천 연구』는 그 특성을 크게 세 가지로 정리하고 있다. 첫

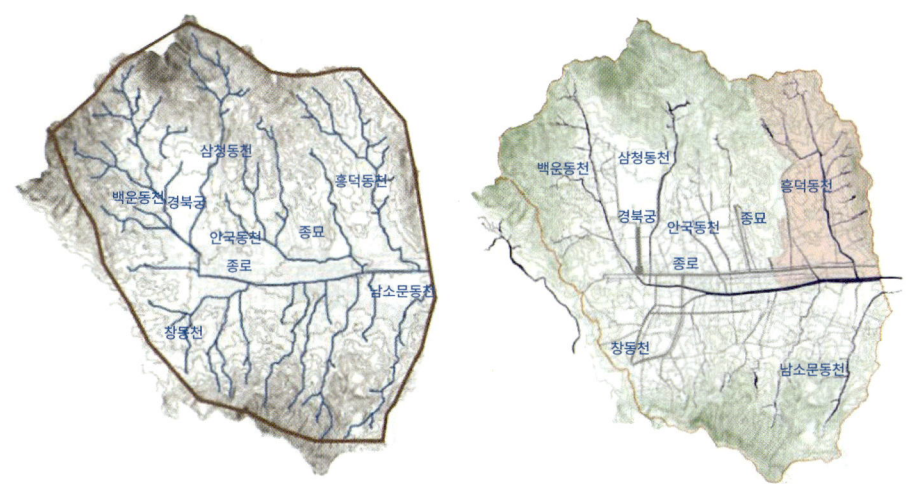

조선후기 복원된 지형과 자연수계(디지털 수계)   지적원도(1912년)에 의한 수계(인공 수계)

<그림 5> 자연수계(파란색)와 인공수계(빨간색)의 중첩

째 한양 전체적으로 지형에 순응하는 도시개발(북촌의 변화와 남촌의 적응), 둘째 공공시설의 건설 등 도시개발에 의한 변화, 셋째 홍수 방지를 위한 변화 등이다.『청계천 지천 연구』는 필자가 지금껏 인지하지 못한 한양의 자연수계와 인공수계, 그리고 이에 따른 한양의 변화에 대해 이해하기 쉽게 알려주었다. (상세한 내용은『청계천 지천 연구』(2020년 청계천 박물관 발행) 중 '물의 도시, 한양의 수계' 참조)

양 교수의 이전 연구에 따르면, 한성부를 계획할 때 가장 먼저 지형에 대한 이해가 우선되었다. 이를 토대로 성곽의 위치 잡기, 종묘와 사직 등 공공시설물, 그리고 4대문의 위치를 결정하고, 대로의 방향을 설정하는 순서에 따른다. 이 모든 작업에는 풍수와 수계(水系, 지표의 물이 점점 모여서 한 물줄기를 이루며 흐르는 하천의 본류나 지류의 계통)를 고려해야 한다.

실제로 한양의 풍수와 지형을 살펴 종묘와 사직단 그리고 궁궐을 짓고, 내사산 능선을 따라 한양도성을 쌓은 후 성문과 도로를 만들었다. 내사산을 연결한 한양도성의 산과 산이 이어지는 곳에 문이 만들어졌다. 문의 위치는 지형에 따른 것일 뿐, 인위적인 배치는 아니었다. 성문을 닫으면 담벼락이 되어 성의 안팎을 분리하고 단절하지만, 성문을 열면 성 안팎을 연결하는 길이 되고 소통의 장이 된다. 또 길은 마을과 마을을 잇는 역할이 가능한 지형적 조건을 갖춰야 하기에 성문이 들어서는 장소는 제한될 수밖에 없다.

산악지역에 자리한 성문보다는 비교적 낮은 지역의 성문들이 문과 길의 역할에 충실하였다. 도성 안의 길 가운데 흥인지문과 돈의문을 잇는 대로인 운종가는 도성의 동서 방향 중심축이 되었다. 또 육조거리와 종각~숭례문으로 이어지는 두 길은 한양도성 내 남북 방향의 중심도로가 되었다.

이에 비해 오늘날 서울의 구 도심지역을 크게 구분하는 가로망(街路網)은 동서남북으로 곧게 뻗어, 마치 바둑판 모양을 하고 있다. 그러나 실핏줄 같은 세(細)가로망은 도성 안 물길의 흐름을 따라 남북으로 30도 정도 기울어서 소로(小路)가 형성되어 있다. 양 교수는 이를 두고 '지형과 물길에 순응하는 세가로망과 일제강점기에 형성된 격자형 대가로망의 불일치'라고 지적한다. 그렇지만 '조선시대 가로망은 지형과 물길에 순응했다.'고 한다.

물길 따라 비스듬히 자리 잡은 구조물들

한양은 환경적 조건에 따라 도시 구조가 결정되었다. 한반도의 지형이 동고서저(東高西低)인 반면, 한양은 서고동저(西高東低)로 서쪽지역이 동쪽보다 높다. 내사산에서 한양도성 안쪽으로 흘러내린 물이 모이는 개천(開川)이 서에서 동으로 한양의 중심을 가로지르며 운종가와 나란히 흐르는 것도 이러한 지형적 조건을 반영한 것이다.

개천은 한양의 중심을 흐르며, 도성의 남과 북을 구분하는 기준이 되었다. 또 개천으로 흘러드는 도성 안 물길은 도시 구조물의 방향성에 영향을 끼쳤다. 양승우 교수에 따르면 내사산에서 개천으로 흐르는 물길을 따라 남북 방향의 도로가 조성되었다. 개천의 물길이 남북으로 30도 정도 기울어서 형성되었기에, 조선시대 한양의 길 역시 남북 방향으로 약 30도 기울어져 있다. 또 주요 도로 옆 물길로 향하는 세류(細流, 가늘게 흐르는 시냇물)를 따라 불규칙하게 골목길이 생겨났다.

자연적 조건에 순응하며 만들어진 한양의 집과 구조물들은 거의 모두 물길을 따라 비스듬히 방향을 틀어 자리하고 있다. 이상구 교수는 20C 초 서울의 길과 물길을 복원한 지도를 통해, 물길의 흐름이 비스듬하게 골목길의 방향과 같음을 보여준다.

이 교수에 따르면 '현대도시 서울의 대로 안쪽의 보행자들이 일상으로 이용하고 있는 길들은 조선의 도읍 한양의 골목길'이며, 가느다란 실핏줄 같은 골목들이 서남쪽으로 비스듬히 블록을 넘어 계속 이어지고 있는 모습이 확인된다.

서울 도심 한복판에 1km에 달하는 거대한 세운상가만이 남북 방향으로 늘어서 있을 뿐, 주변의 건물들은 거의 모두 약간 서쪽으로 비스듬하게 서 있다. 종묘의 정전마저도 비스듬히 서 있다. 이 같은 건물들의 '집단적인 방향성'에 대해 이상구 교수는 '옛길들이 아직은 살아남아 있고, 그 옛길들이 아직도 역사도시 서울의 도시적 질서의 명맥을 이어주고 있는 것'이라고 한다.

물길 따라 달리고 이어지는 간선도로망

한양을 둘러싼 내사산과 그 산에서 씨줄날줄로 흘러내린 물길은 사람들의 삶을 규정했다. 자연과의 조화를 중시했던 선조들은 집이나 관청 등 인공 건조물을 세울 때도 구릉과 물을 거스르지 않았다. 그렇게 자연스레 고갯길과 골목길이 생겨났다. 이는 세월을 뛰어넘어 오늘을 사는 우리의 삶에도 영향을 미치고 있다. 한양과 성저십리의 물길은 거의 복개되어 우리의 시야에서 사라진 지 오래다. 그러나 물길은 길이 되어 오늘날 우리의 삶에 녹아들어 함께 하고 있다. 단지 우리가 느끼지 못할 뿐, 우리는 여전히 물길 위를 또는 물길과 나란한 길을 오가며 살고 있다.

한양의 중심을 흐른 개천은 한때 복개된 채 그 모습을 감추었고, 그 위로 청계고가도로가 만들어졌다. 한동안 산업발전의 첨병 역할을 한 청계고가도로는 청계천 복원사업으로 인해 철거되고, 인위적으로 만들어진 청계천이 그 모습을 드러냈다. 청계천의 남북에는 여

정릉천을 따라 난 내부순환로

전히 물길과 나란히 도로가 지나고 있다. 오늘날 서울의 중요한 도로 역시 대부분 물길을 따라 자리하고 있다. 성산대교와 성수대교를 잇는 내부순환로는 북악터널을 중심으로 서쪽은 홍제천, 동쪽은 정릉천 물길 위로 도로가 만들어졌다. 동부간선도로는 중랑천과 탄천을 따라 달리고, 안양천의 일부는 서부간선도로가 달리고 있다.

이처럼 오늘날 서울에서 우리의 일상과 함께 호흡하는 크고 작은 길 역시 물길에 순응하여 만들어져 있음을 알 수 있다.

도성 내 물길, 개천으로 모여들다

물길 가운데 큰 하천은 강(江)이라 하고, 작은 하천은 천(川)이라 한다.

오늘날 서울의 중심을 흐르는 한강은 조선시대 한성부 관할의 성저십리의 경계를 이룬 큰 하천으로, 서울에서 흐르는 모든 하천의 본류이자 유일한 강이다. 한강으로 흘러드는 지류는 대부분 북한산, 도봉산, 남산, 관악산을 발원지로 하며, 청계천을 비롯해 중랑천 홍제천 불광천 양재천 탄천 고덕천 성내천 등이 있다.

반면 조선시대 한양의 사대문 안을 흐른 가장 큰 하천은 개천이며, 한양도성 내에서 발원한 모든 하천이 개천으로 흘러들었다. 한강을 본류로 할 때는 개천도 한 지류이지만, 도성 내 물길을 이야기할 때는 개천이 본류가 된다.

일반적으로 개천(이하 청계천)의 원류는 도성 안 지류 중 가장 긴 백운동천이며, 그 발원은 자하문 동쪽 백악산 중턱에서 시작되는 약수터라 한다. 이에 비해 발원지가 더 먼 삼청동천이 청계천의 원류라고 이야기하기도 한다. 이를 정리하면, 백악마루 서쪽 약수터는 서울시가 발표한 청계천의 역사적 발원지이고, 삼청동천의 발원이 되는 백악마루 동쪽의 촛대바위 부근은 지리적으로 청계천의 최장 발원지가 된다.

백운동천에서 시작된 개천의 본류는 한양도성 안을 흘러 동대문 옆 오간수문을 통해 도성 밖으로 빠져나간 후 마침내 중랑천과 합류하여 한강으로 흘러든다. 한양도성 안에서 개천으로 흘러드는 물길의 수는 어떻게 분류하느냐에 따라 달라진다. 박현욱의 『서울의 옛 물길 옛 다리』에서는 한양의 물길을 24개로 나누었다. 그러나 여기서는 본류인 개천을 제외한 도성 안 물길을 25개로 구분하였다.

한양도성 안을 흐르는 물길 가운데 개천을 본류라 할 때, 개천으로 흘러드는 모든 물줄기는 지류이다. 지류 가운데는 직접 개천으로 흘러드는 물줄기(지류)도 있지만, 그 지류와 합류하는 물줄기도 있다. 이에 한양도성의 중심을 흐르는 물줄기인 개천은 본류, 본류와 합류하는 합수점을 갖는 물줄기인 제1지류, 제1지류로 흘러드는 합수점을 갖는 제2지류, 제2지류로 흘러드는 제3지류로 분류된다.

이번 작업은 개천과 한강으로 흘러드는 수많은 물길 가운데 내사산에서 도성 안으로 흘러내려, 한양도성 내에서 내수인 개천으로 합류하는 25개의 물길과 이를 모두 수용하는 개천에 한한다. 다시 말해, 한양도성 안에서 발원하여 흐르다가, 도성 안에서 본류인 개천으로 흘러드는 25개의 지류와 오늘날 청계천이라 불리는 개천의 본류를 이루는 물길이 어떻게 흘렀고, 땅속에 묻혀 사라지거나 길이 되어버리는 등의 변화, 그리고 사라진 물길을 따라 어떠한 역사와 문화를 만날 수 있는지에 대한 작업이다.

이밖에 성저십리에서 발원해 도성 밖에서 개천으로 합류하는 물길과 성저십리를 흘러 한강으로 합류하는 물길, 그리고 확대된 서울을 흐르는 물길에 대한 이야기는 다음 작업을 기약하도록 한다.

강 vs 천

수백, 수천의 물줄기가 모여 하나의 강을 이룬다. 개개의 물줄기는 저마다 고유의 시작점이 있지만, 강이 바다와 만나는 하구(河口)로부터 가장 먼 곳의 시작점을 발원(發源)이라 한다.

발원에서 시작되어 바다로 흘러드는 가장 긴 물줄기, 다시 말해 하구를 갖는 물줄기가 바로 그 강의 '본류'이며, '~강'이라는 이름을 부여받는다. 본류인 강으로 흘러드는 여타의 물줄기는 '지류'로, 대부분 '~천'으로 불린다. 강의 본류와 지류를 구분하는 기준은 '하구'의 유무이다. 강의 본류는 하구를 갖는 반면, 지류는 합수점(合水點)을 갖는다. 강을 만나 합수점을 갖는 지류는 '~천'이라는 이름을 갖는다.

하나의 강은 하나의 하구를 갖기에, 하구가 다른 강은 독립된 물줄기이다. 강의 길이는 본류의 길이를 말한다. 즉 발원에서 하구까지의 거리를 의미하며, 지류 등은 이에 포함되지 않는다.

백운동천은 도성 내에서 청계천으로 흘러드는 물길 가운데
가장 길어서 청계천의 원류라 말한다. 백운동천의 특징은
내사산 가운데 백악과 인왕, 두 곳에서 시작된 물길이 하나로
합쳐져 흐르면서, 청풍계를 비롯해 옥류동천과 사직동천,
경복궁내수, 경희궁내수 등의 제1지류와 옥류동천으로
흘러드는 제2지류 누각동천 등의 물길을 품고 청계천 원류로
흐른다는 점이다.

백악마루 서쪽과 인왕의 북동쪽 자하문터널 인근에서 발원한 물
길은 곧바로 하나 되어 자하문로를 따라 흐른다. 경복궁역교차로를
건넌 물길은 남동 방향으로 비스듬히 흘러 세종문화회관 남서 자락
과 현대해상빌딩 뒤를 지나 세종대로사거리 남쪽에서 동으로 방향
을 틀어 여기서부터 청계천으로 흐른다.

① 백운장
② 청송당유지
③ 백세청풍
④ 정철생가터
⑤ 신교터
⑥ 이완용 집터
⑦ 자수교회
⑧ 백송터
⑨ 금청교
▭ 자수궁터
⋈ 송기교

청계천 물길의 역사적 발원지

백운동천은 백악마루 서쪽과 인왕산 북동쪽의 자하문터널 인근의 두 곳에서 발원한 물길이 흘러내리다 하나로 합쳐진다. 백운동천의 발원지는 청계천의 역사적 발원지가 된다. 일반적으로 백운동천의 물길은 자하문로로 흘렀다는 기록을 따른다. 그러나 2020년 청계천 역사박물관에서 발행한『청계천 지천 연구』(서울시립대학교 도시행태연구실, 연구책임 양승우 교수)는 기록된 옛 물길과 GIS 분석 결과에 따른 차이를 확인했다.

'백운동천의 전체적인 물줄기가 자하문로로 흘렀다는 기록과 달리 GIS 분석 결과에서는 경복궁 쪽으로 편향되는 형태로 나타났다. …

<그림 5> 자연수계(파란색)와 인공수계(빨간색)의 중첩

(중략)... 직접적으로 수로의 진행 방향을 바꾼 기록은 찾을 수 없었다. ...(중략)... 경복궁 앞 육조거리를 조성하기 위하여 물길을 우회하였을 가능성을 추정해 볼 수 있다.'

서울시립대학교 도시행태연구실의 연구를 통해 새로운 내용을 알 수 있지만, 여기서는 자하문로를 따라 물길이 흘렀다는 기록을 바탕으로 백운동천의 흐름을 따른다.

백악에서 시작된 동쪽 물줄기는 자하문 남서 방향으로 흘러 자하문터널 인근에서 시작된 물길과 하나 되어 자하문길을 따라 남쪽으로 흐른다. 백운동천의 물길은 남으로 흘러 청계천으로 흐르기까지, 동서의 높은 지형에서 흘러내리는 크고 작은 물길을 받아들였다.

백운동천 각자

대동단 총재 김가진의 백운장 터

자하문터널 남쪽 입구의 동북쪽에는 '白雲洞天(백운동천)'이라 새겨진 바위가 있다. 이곳은 조선 말기 문신인 동농 김가진(1846~1922)의 집인 백운장 터이며, 각자바위의 글씨도 그의 솜씨다.

김가진은 장동김씨 김상용의 11대 손이다. 서얼로 1877년 규장각 검서관으로 관직을 시작했으나, 갑신정변 이후 적서차별이 철폐되자 1886년 41살의 늦은 나이에 문과에 급제했다. 만민공동회와 대한자강회, 그리고 대한협회 제2대 회장으로 활동하면서 일진회 성토 등 경술국치 전까지 이를 막기 위해 애쓴 인물이다.

1910년 경술국치 이후 긴 침묵에 들어갔던 그는 3.1만세운동 직후 비밀조직인 대동단을 결성하고, 74살의 나이로 상하이로 망명하여 독립운동을 하다가, 1922년 추위와 굶주림으로 세상을 떠났다. 김가진은 상하이임시정부의 고문이자, 대동단 총재로 무장투쟁노선을 지지했다.

셋째 아들 김의한과 며느리 정정화도 임정에서 활동했는데, 정정화는 한반도 내 비밀연락망인 연통제를 통해 국내에 잠입하여 독립자금을 모금하기도 했다. 임시정부의 소년 김자동은 광복 후 민족일보 기자를 거쳐 임시정부기념사업회를 만들고 지금껏 이끌고 있다. 넷째 아들 김용한은 의열단 사건에 연루되어 고문 후유증으로 자살하였고, 그의 아들 석동은 1939년 최연소 독립군으로 참여하였다.

한국전쟁 당시 부역 누명을 썼던 정정화는 1982년 건국훈장 애족장을, 전쟁 때 납북된 김의한은 1990년 건국훈장 독립장을 받았지만, 김가진은 일제가 부여한 남작 작위를 공식적으로 반납하지 않았다는 이유로 독립유공자 서훈에서 제외되었다. 더구나 중국에 있는 김가진의 묘지 위치가 확인되었지만, 독립유공자가 아니라는 이유로 유해조차 송환되지 않고 있다. 여기에 납북된 아들 김의한은 북한 애국열사릉에, 며느리 정정화는 국립대전현충원에 각각 안장되어 있어 가족이 뿔뿔이 흩어진 불운의 가족사를 보여주고 있다.

 김가진의 백운장은 1만여 평에 이르렀는데, 1918년경 집사가 김가진 몰래 동양척식주식회사에 저당을 잡혀 소유권이 넘어갔다. 일제강점기에 요정으로 사용되었고, 광복 후 미군정으로부터 돌려받기로 했으나, 대한민국 정부수립 후 이승만의 비협로조 끝내 되찾지 못하고 교회 부지가 되었다.

성수침의 서실, 청송당 터

경기상고 내 동북쪽 끝 지점에는 '청송당유지'라 새겨진 바위 글씨가 있다. 청송(聽松)은 성수침(1493~1564)의 호이다. 성수침은 기묘사

청송당유지 각자

화(1591) 때 스승인 조광조와 많은 사림들이 화를 당하자 벼슬을 포기하고 집 뒤 서실(書室)에 청송이라는 편액을 내걸고 10년 동안 두문불출하면서 제자를 양성하였다. 성수침의 문하에서 아들 성혼(成渾)을 비롯해 많은 석학들이 배출되었다.

성수침이 죽은 후 청송당은 폐허로 변했으나, 중건되지 못했다. 성수침 사후 100여 년이 지난 1668년(현종9) 외손인 윤순거와 윤선거가 중건하였는데, 이때 송시열이 글을 쓰고 여럿이 모여 시모임을 열었다. 그러나 19세기 이후 청송당은 사라지고, 바위 글씨만 남았다. 겸재 정선이 장동 일대의 빼어난 경치를 그림으로 남긴 <장동팔경첩>의 팔경 가운데 하나가 청송당이다. 청송당 외에 겸재가 뽑은 장동팔경은 취미대, 대은암, 독락정, 창의문, 백운동, 청휘각, 청풍계 등이다.

청송당유지 각자바위가 자리한 경기상고는 1923년 경기도립갑종상업학교로 동숭동에서 개교했는데, 경성제대가 들어서면서 1926년 지금의 자리로 옮겨왔다. 광복 후 1946년 경기공립상업중학교가 되었고, 1950년 서울상업고등학교로 바뀌었다가 1968년 경기상업고등학교가 되어 지금에 이른다.

청계천의 이름이 된 청풍계

청운초등학교 북쪽 담을 따라 서쪽으로 조금 올라가다 보면 '백세청풍(百世淸風)'이라 새겨져 있는 커다란 바위를 만난다. 청풍계(淸風溪)라 불리는 이곳은 병자호란 때 강화도 남문루에서 순절한 김상용의 집터이다. 김상용의 집은 '태고정(太古亭)' 또는 '선원고택(仙源古宅)'이라 불렸다. 태고정은 집터에 있던 정자 이름이고, 선원고택은 훗날 붙여진 이름이다. 이 집터는 원래 김상용의 고조부인 김영수가 살던 곳으로, 그의 맏형인 학조대사가 막내 제수를 위해 잡아준 명당이라고 한다.

　김양근(1734~1799)이 쓴 『풍계집승기(楓溪集勝記)』에는 '청풍계는 우리 선세(先世)의 옛터전인데 근래에는 선원(仙源, 김상용의 호) 선생의 후손이 주인이 되었다'고 기록되어 있다. 또한 '풍계(楓溪)'를 일명 '청풍계'라 부른다는 기록이 있어, 이 지역이 단풍과 관련 있음을 알 수 있다.

　청풍계에는 '대명일월 백세청풍(大明日月 百世淸風)' 8자가 새겨져 있었다. 『풍계집승기』에 따르면, 청풍대라는 이름을 가진 바위의 각자 <백세청풍>은 주자의 글씨이며, 천유대(天遊臺)라는 절벽 위의 각자 <대명일월>은 우암 송시열의 글씨이다. 대명일월은 단순히 밝은 해와 달이 아니라, 명나라의 세월로 반드시 되찾아야 할 그날

백세청풍 각자

이고, 백세청풍은 백이숙제의 곧은 절개를 상징한다. 병자호란 이후 조선에서는 '대명일월 백세청풍'을 현판 또는 바위에 새겨, 명나라를 기리곤 했다. 일제강점기에 '대명일월' 각자는 훼손되어 없어지고, '백세청풍' 4자만 남았다.

맑은 바람이 부는 골짜기라는 뜻의 청풍계는 오늘날 청운동이 되었다. 청운동 동명은 이 지역의 옛 지명 청풍계와 백운동에서 한 글자씩을 따온 것에서 유래한다.

학조대사는 세조 때부터 중종 때까지 왕실의 뜻을 받들어 불사를 도맡았던 인물이다. 당연히 풍수지리에 정통했던 그가 자신을 극진하게 공경하는 막내 제수 강릉 김씨를 위해 잡아준 집터라 하니 한양 도성 안에서 가장 빼어난 명당이었을 것이다.

<동아일보> 2002년 4월 18일

청풍계천(淸風溪川)

청풍계천은 인왕산 기슭, 청풍계 일대에서 시작된 물길을 말한다. 청풍계천은 백운동천으로 흘러드는 제1지류이며, 백운동천이 된 물길은 여러 지류를 받아들여 흐르면서, 한양도성 내 물길의 본류인 개천으로 흐른다.

일제는 1927년 조선의 어업과 하천 이용에 관한 규제 명령인 '조선하천령'을 공포하였다. <서울지명사전>에 따르면, 조선하천령으로 인해 한양의 개천은 상류의 청풍계천에서 비롯되었다 하여 청계천이라는 이름을 갖게 되었다. 한편, <한국민족문화대백과사전>에는 '원래 본류·지류의 구별 없이 모두 합쳐 청풍계천이라 하던 것이 청계천이라 불리게 되었다'고 나온다.

두 얼굴의 송강 정철

청운초등학교 정문 앞에는 '정철 선생 나신 곳'이라는 표석이 있다. 가사와 시조로 잘 알려진 송강 정철(1536~1593)은 벼슬과 탄핵을 반복하는 파란만장한 삶을 살았다.

어린 정철은 인종의 후궁인 맏누이와 계림군 이유의 부인인 막내누이로 인해 궁중 출입이 잦았고, 같은 나이인 경원대군(명종)과 자주 만나며 친했다. 1545년(인종1, 명종 즉위년) 을사사화 때 매형인 계림군이 윤임에 의해 추대를 받았다고 하여 역모의 죄로 처형을 당하고, 아버지와 맏형이 유배를 당했다.

12살 되던 1547년(명종2) 양재역 벽서사건이 터지고 을사사화의 여파로 아버지는 다시 유배되고, 맏형은 장형(杖刑)을 받고 유배 가던 중 사망했다. 이때 정철은 아버지를 따라 유배지에서 생활하다가, 1551년(명종6) 원자 탄생 기념으로 사면된 후 할아버지 산소가 있는 담양으로 이주했다. 이곳에서 과거에 급제할 때까지 10여 년을 지내며, 이이·성혼 등과 사귀었다.

1562년(명종17, 27살)에 문과 별시에서 장원급제한 정철은 사헌부 지평(1566년, 명종21, 31살) 때 명종의 사촌형인 경양군이 처조카를 죽인 일이 있었다. 명종이 사건을 맡은 송강에게 관대한 처리를 부탁했음에도, 그는 왕족이라도 예외가 있어서는 안된다며 사형을 시켰다.

동인과 서인의 분쟁에서 정철은 직설적이고 거침없는 비판으로 많은 정적을 만들었다. 1580년(선조13, 45살) 강원도 관찰사가 된 정철은 이때 <관동별곡>과 <훈민가> 등을 지었으며, 대사헌이 된 이듬해(1584녀) 탄핵을 받고 1585년 사직한 뒤 고향에서 <사미인곡>, <속미인곡> 등의 가사를 남겼다.

1589년(선조22) 기축옥사(정여립의 모반사건) 처리 과정에서 정철은 3년 동안 1천여 명의 동인 쪽 인사들을 처형, 옥사시켰다. 훗날 선조는 성혼과 정철을 탓하며 '흉혼독철(凶渾毒澈, 흉악한 성혼과 악독한 정철)'이라 하였다.

이후 정철의 처벌을 두고 의견이 나뉜 동인은 이산해가 이끄는 북인(강경파)과 유성룡이 이끄는 남인(온건파)으로 갈라졌다.

권주가를 노래한 정철과 은 술잔

정철은 '술'로 인해 몇 차례 탄핵을 당했으나, 선조의 신임이 두터워 재임용되곤 했다. 선조는 그의 술주정을 우려해 작은 은잔을 하사하면서, 세 잔만 마실 것을 명했다. 그러나 이에 만족할 수 없었던 정철은 작은 잔을 두드려 펴서 큰 사발처럼 만들어 마셨다는 유명한 일화가 전해진다. 선조가 정철에게 직접 하사한 것이라고 전하는 은 술잔은 국립청주박물관에 소장되어 있다. 술을 좋아했던 정철은 권주가 '장진주사(將進酒辭)'를 남겼다.

한 盞(잔) 먹세근여 또 한 盞 먹세근여
곳 것거 算(산)노코 無盡無盡(무진무진) 먹세근여
이 몸 죽은 後(후) 지게 우해 거적 덥혀 주리혀 매여가나
流蘇寶帳(류소보장)의 萬人(만인)이 우려네나
억욱새 속새 덥가나모 白楊(백양) 속에 가기 곳 가면
누론해 흰달 가난비 굴근비 쇼쇼리 바람불제
뉘 한 盞 먹자할고
하물며 무덤 우해 잔납이 파람 불제야
뉘우찬달 엇디리

한 잔 먹새 그려 / 또 한 잔 먹새 그려 / 꽃 꺾어 술잔 세면서 한없이 먹세 그려 / 이 몸이 죽은 후에는 지게 위에 거적 덮여 줄에 묶여 실려 가거나 / 곱게 꾸민 상여 타고 수많은 사람들이 울며 따라가거나 / 억새풀, 속새풀, 떡갈나무, 버드나무 숲에 한 번 가기만 하면 / 누런 해, 흰 달, 가랑비, 굵은 눈, 회오리바람 불 때 / 그 누가 한 잔 먹자 할꼬 / 하물며 무덤 위에 원숭이 휘파람 불 때야 / 뉘우친들 어떠리.

신교, 그리고 친일파 이완용의 집터

신교동교차로에는 백운동천 상류에 만들어진 돌다리인 신교(新橋)가 있었다. 1770년(영조46)경 제작된 <한양도성도>에 표기되어 있는 이 다리는 1764년(영조40) 의열묘를 조성할 당시 만든 다리일 가능성이 있다. 이때 새로 만든 다리여서 '새 다리'라고 불렸고, 이를 한

이완용 옛집

자로 신교라 하였다. 신교는 왕실에서 선희궁을 참배할 때 이용된 것으로 보인다.

1764년 사도세자의 생모인 영빈이씨가 세상을 떠나자 시호(諡號)를 의열(義烈)이라 하고, 묘 이름을 의열묘라 하였다.

의열묘는 1788년(정조12)에 선희궁으로 격을 높였으나, 1870년(고종7) 위패를 육상궁으로 옮겼다가, 1896년(고종33) 선희궁으로 되돌렸으며, 1908년(순종2) 다시 육상궁으로 옮겼다. 선희궁 터에는 건물의 일부가 남아 있다.

옥인유치원 인근의 이층집은 을사5적과 정미7적, 경술9적에 이름을 올리고, 친일반민족행위자의 대명사가 된 이완용의 집터이다. 이완용 집은 원래 약현(중림동)에 있었는데, 1907년 6월과 7월 두 차례에 걸쳐 화재가 났다. 6월 1차 화재 때는 조기에 진화하여 큰 피해는 없었다. 그러나 7월19일 양위에 관한 고종의 조칙이 내려지고, 다음날인 7월 20일 순종 즉위식으로 공표된 그 시각, 반일단체인 수양동우회 회원들이 이완용의 자택으로 몰려가 불을 질렀다. 1차 화재 때와는 달리 미처 대비할 수 없었기에, 조상들의 위패를 비롯해 거의 전 재산이 불에 타버렸다.

성난 군중들에 쫓긴 이완용과 가족들은 남산 왜성대에서 두 달 가량 머물다가, 1907년 9월 의붓형 이윤용의 집을 거쳐, 1908년 1월 태황제(고종)가 직접 내준 것으로 연출한 남녕위궁(단종누이 경혜공주 부마의 집)으로 잠시 이전했다. 이후 이등박문(伊藤博文)에게 받은 순화궁터에서 5년여 살다가, 1913년 옥인동으로 이사해 1926년 사망할 때까지 살았다.

이완용은 1909년 12월 22일, 종현성당에서 열린 벨기에 레오폴 2세의 추도미사에 참석했다가 이재명 의사의 칼에 찔렸다. 중상을 입은 이완용은 천식과 폐렴 등 후유증으로 고생하다가 1926년 2월 사망했다. 당시 <동아일보>는 사설을 통해 이완용을 '팔지 못할 것을 팔아서 누리지 못할 것을 누린 자'로 표현했다. 이완용의 집은 광복 후 미군정에 의해 적산으로 징발되었고, 이후 세월이 흐르면서 여러 필지로 나뉘었다.

교회 이름으로 남은 자수궁

자교교회는 1898년 배화학당의 문을 연 미국 남감리회의 첫 여선교사 캠벨 부인이 1900년 4월15일 시작한 부활주일 집회가 그 기원이다. '자골교회'라는 이름으로 예배를 보다가 1901년 루이즈 워커 예배당을 건축했다. 1908년 종침교 부근에 새 예배당을 마련하고 '종교교회'로 부르기 시작했다. 이때 새 예배당으로 따라가지 않

자교교회

고 교회를 지킨 교인들이 지금의 자리에 자리 잡으면서 자교교회가 되었다.

자교교회는 인근에 자수교(慈壽橋) 또는 자수궁교(慈壽宮橋)라 불리는 다리가 있었기에 붙은 이름이다. 남감리교는 교회 이름을 지으면서 인근에 있는 다리 명칭에서 가운데 글자를 빼고 이름 붙였다.

자수궁은 원래 태조의 7번째 아들인 무안대군(이방번)의 집이었으나, 문종 때 왕명으로 선왕의 후궁들의 처소로 사용되었다. 연산군 때는 성종의 후궁들을 박대하고자 자수궁을 폐하였고, 인조 때부터는 자수원으로 위상이 낮춰졌고, 1661년(현종2)에 자수원을 폐지하고 헐어낸 자재는 성균관의 비천당을 수리하는 데 사용했다.

자수궁 터는 이완용 집터의 서쪽에 있었다. 일제강점기에는 전염병 전문병원인 순화병원이 들어섰고, 한국전쟁 이후 서울시립중부병원이 자리를 잡았다. 지금은 군인아파트와 종로보건소를 비롯해 여러 기관이 들어서 있다.

통인시장은 일제강점기인 1941년 인근에 사는 일본인들을 위해 만든 공설시장이 그 시초다. 한국전쟁 이후 이 지역에 상점과 노점이 들어서면서 전통시장의 형태를 갖추었다. 시장의 동쪽 입구 북쪽의 5층짜리 건물은 1층이 통인시장의 한부분인 효자아파트다. 지하부터 2층까지는 상가, 3층부터 5층까지는 아파트인 주상복합아파트로, 1960년대 후반 또는 1970년 초반에 건축된 것으로 추정된다.

세월 속에 사라진 백송과 금청교

우리은행 효자동지점의 남동쪽 골목 안에는 통의동백송 터가 있다. 1990년 7월17일, 통의동백송이 큰비에 쓰러졌다. 당시 '백송회생대책위원회'를 구성하는 등 백송을 회생시키고자 했으나 살리지 못했고, 1993년 천연기념물에서 해제한 후 잘려나갔다. 당시 백송을 분석한 결과 1690년경인 숙종 때 심은 것으로 밝혀졌다.

백송이 있던 곳은 영조의 잠저인 창의궁이 있던 자리다. 원래는 효종의 4녀 숙휘공주의 집이었는데, 숙종이 사서 아들 연잉군(영조)에게 주었다. 영조의 생모인 숙빈최씨는 말년을 아들집인 창의궁에서 보내다가 세상을 떠났다. 또 요절한 효장세자와 화순옹주가 태어난 곳이기도 하다.

1754년 정조는 형인 의소세손의 사당인 의소묘를 지었고, 1870년에는 요절한 정조의 아들인 문효세자의 사당인 문희묘를 안국방에서 창의궁으로 옮겼다. 1900년 의소묘와 문희묘를 영희전으로 옮기고, 1908년 의소묘와 문희묘의 신위를 매장하였다. 이후 창의궁 터에는 동양척식주식회사 사택 등이 들어섰다.

통의동백송

한편 영조는 총애하던 화순옹주가 월성위 김한신과 결혼하자 인근에 월성위궁을 지어주었다. 월성위 김한신이 39세의 젊은 나이에 사망하자 화순옹주는 곡기를 끊고 따라죽어, 옹주 중에서는 유일하게 정려문이 내려졌다.

이후 감한신의 후손들이 월성위궁에서 살았고, 훗날 김한신의 5대손인 추사 김정희가 월성위궁의 주인이 되었다.

경복궁역2번출구 앞 횡단보도는 금청교(禁淸橋)가 있던 곳이다. 이 다리가 만들어진 연도는 정확하지 않으나, 고려 말에서 조선 초로 추측하고 있다. 금청교는 3개의 홍예에, 교각 사이에 귀면을 새긴 장식이 창덕궁의 금천교와 유사하다. 다리모양이 안경처럼 생겼다 하여 안경다리라고도 불렸다. 민간의 다리임에도 궁궐의 다리 양식인 것이 특이하나, 난간 장식은 없다. 금청교는 1928년 백운동천 복개

청계천 시작점

공사 때 헐려 사라졌다.

경복궁역교차로를 남으로 건넌 물길은 적선현대빌딩 서남쪽을 따라 흐르며, 종교교회와 세종문화회관 서남쪽을 지나 현대해상빌딩 뒤로 이어지는 굽은 길을 흘렀다. 다리 옆에 가죽을 파는 송기전(松肌廛)이 있어 이름 붙은 송기교가 있던 세종대로사거리를 남으로 건너온 물길은 광화문빌딩을 지나며 동쪽으로 방향을 틀어 청계천으로 흐른다.

> **학조대사(學祖大師, 1432~1514)**
> 조선 세조 때부터 중종 대에 걸쳐 활약한 고승(高僧)으로서, 국사(國師) 또는 등곡(燈谷), 황악산인(黃岳山人)이라 불리기도 했다. 한성판윤을 지낸 김계권의 다섯 아들 가운데 맏이로 태어난 학조대사의 출가와 관련된 일화가 전해온다.
>
> 학조대사가 15~16살 때 이 마을을 지나던 노승이 학조의 관상을 보고, 학조의 아버지에게 말했다.
> "이 아이를 제게 주시어 절로 보내야 좋을 듯합니다."
> "어찌 그리 말하십니까?"
> "이 아이는 속세에 있으면 왕이 될 팔자이기에 만약 그대로 둔다면 집안에 큰 화가 미치게 될 것입니다. 소승의 말이 미심쩍으면 이 아이의 족상을 보십시오."
> 노승의 말대로 발바닥을 보니, 임금 왕(王)자가 씌어 있었다. 그래서 학조의 부모는 어린 학조를 출가시켜, 김천 직지사에서 승려가 되게 하였다.

02 옥류동천

옥류동천(玉流洞川)은 인왕산의 수성동(水聲洞)에서 발원하여 누각동천을 지류로 갖는 물길이다. 한양 최고의 명승지 가운데 하나인 수성동에서 발원한 물길은 지류인 누각동천을 만난 뒤, 누각동천의 북쪽 옥류동에서 시작된 물줄기와 합쳐져 우리은행효자동지점 앞에서 백운동천으로 흘러든다. 여기서 동(洞)은 골짜기·계곡을 뜻하기에 수성동계곡은 중복된 표현이고, 수성동 또는 수성계곡이라 해야 한다.

조선 후기 역사지리서인 『동국여지비고』와 『한경지략』 등에 명승지로 소개되고 있는 수성동의 기린교(서울시 기념물 31호)는 장대석 2개를 잇대어 만든 돌다리(길이 3.8m)이다. 겸재 정선의 그림에도 등장하는 이 다리는 한양 내에서 유일하게 원위치에 원형 그대로 보존되고 있으며, 통돌로 만든 가장 긴 다리라는 점에서 그 의미가 매우 크다.

① 수성동
② 윤동주하숙집터
③ 박노수미술관
④ 송석원 / 벽수산장
⑤ 이상의집
    윤덕영집터

겸재 정선과 안평대군이 거닐던 곳

겸재 정선(1676~1759)은 자신이 태어나고(경복고) 평생 살던 터전인 백악산과 인왕산 아래 장동(壯洞) 일대를 8폭의 진경인 <장동팔경첩(壯洞八景帖)>으로 남겨 놓았는데, 인왕산 일대 <수성동>도 한 폭의 그림으로 남았다.

  겸재의 <인왕제색도>(국보 216호)는 '5월 하순에 비온 후 막 개인' 인왕산의 정경으로, 비가 그친 후 힘찬 인왕의 바위가 다시 드러나듯이 병상에 있는 벗 이병연의 쾌유를 기원하며 그린 것이다. 겸재의 '진경산수'는 직접 눈으로 본 '실경(實景)'에 마음으로 본 '심경(心景)'을 더한 것이다.

  이보다 앞서 조선 초기에는 경치가 뛰어난 이곳 수성동에 세종의

옥류동천 43

셋째 아들인 안평대군(1418~1453)의 집 수성궁이 있었고, 수성궁 안에는 세종이 당호를 지어준 비해당(匪懈堂)이 있었다. 뛰어난 문인이자 서예가로 널리 알려진 안평대군은 자신이 꿈에서 보았던 무릉도원의 광경을 당대의 화가 안견에게 그리게 한 것이 <몽유도원도>이다.

안평대군은 창의문 밖 청계동천에서 그림 속 장소와 유사한 곳을 찾아 별서인 무계정사를 지었다. 무계정사에서 그는 선비들과 함께 책을 읽고 활을 쏘며 심신을 단련하였다. 그러나 계유정란 때 역모를 꾀한다고 하여, 형인 세조에 의해 강화도로 유배되었다가 사약을 받고 죽임을 당한다. 그때 안평대군의 나이 36세였다. 무계정사 터에는 '무계동'이라 새겨진 큰 바위가 남아있다.

기린교와 수성동에는 오랫동안 옥인시범아파트가 자리 잡고 있었고, 지금은 그 터가 남아 있다. 1971년 9개 동의 옥인아파트가 들어

수성동 기린교

선 뒤 40여 년 후 철거되기까지 수성계곡의 아름다운 경관을 가로막고 있었다. 시멘트에 가려져 있던 기린교의 발견 이후 아파트 철거를 시작으로 수성동 복원작업이 이뤄졌다.

2010년 옥인시범아파트를 철거할 때 서울시는 그 흔적을 남겨두었다. 산 중턱에 남아 있는 아파트 벽체에는 전기콘센트와 샤워기 흔적, 욕실 바닥 등을 그대로 남겨 또 하나의 역사가 되고 있다.

민족시인 윤동주, 친일논란 이상범

윤동주하숙집터는 민족시인 윤동주(1917~1945)가 연희전문에 재학 중이던 1941년 5월부터 9월까지 하숙했던 항일 소설가 김송의 집이었다. 만주 북간도의 명동촌에서 태어난 윤동주는 용정의 은진중학교에 입학했다가 평양 숭실중학교로 전학했으나 신사참배 거부로

윤동주하숙집터

학교가 폐교되자 용정의 광명중학교로 편입하여 졸업했다.

연희전문 문과를 졸업한 윤동주는 1942년 일본 릿쿄대학(立敎大學) 영문과에 입학하였다가 같은 해 도시샤대학(同志社大學)으로 전학했다. 1943년 7월, 귀향을 앞두고 송몽규와 함께 치안유지법 위반죄(사상범)로 체포되었고, 이듬해 2년 형을 선고받았다. 일본 후쿠오카형무소(福岡刑務所) 복역 중이던 1945년 2월 16일, 28살의 젊은 나이로 사망했다. 유해는 고향 용정에 묻혔다.

윤동주의 시는 광복 후 1947년 2월, 정지용의 소개로 경향신문에 처음 소개되었다. 1948년 1월, 후배 정병욱이 보관하고 있던 윤동주의 유작 31편과 정지용의 서문으로 이루어진 유고시집 <하늘과 바람과 별과 시>가 처음으로 간행되었다.

종로구립박노수미술관은 대한민국의 대표적인 동양화가인 박노수(1927~2013)의 집으로, 사후 종로구에 기증되어 구립미술관으로 운영 중이다. 박노수는 청전 이상범의 제자로, 장승업의 계보를 이었다고 할 수 있다. 서울대 회화과 1회 졸업생인 박노수는 1953년부터 국전에 출품하여 대통령상과 국무총리상 등을 수상하며 이름을 떨쳤다. 원래 이 집은 친일파이자 최고의 매국노인 윤덕영(1873~940)이 1938년 자신의 딸을 위해 지은 2층집이다.

박노수의 스승인 청전 이상범(1897~1972)은 장승업의 제자인 안중식과 조석진으로부터 배우고, 일제강점기와 대한민국에서 활동한 화가이다. 이상범의 호 청전(靑田)은 스승인 안중식이 자신의 호 심전(心田)을 따서 청년 심전이라는 뜻으로 지어준 것이다.

이상범은 1927년부터 1937년까지 <동아일보>에서 삽화를 그리는 미술기자로 활동했다. 1936년 이길용(체육부 기자)과 현진건(사회부장) 등과 함께 <동아일보> 일장기말소사건에 연루되어 고초를 겪었다.

그러나 1941년 조선미술가협회 일본화부 평의원, 1942년부터 1944년까지 3차례에 걸친 반도총후미술전 일본화부 심사위원, 대동아공영의 '성전'을 위해 국방헌금을 마련하는 전람회에 출품하는 등 일제에 부역했다. 또 1943년 <매일신보>가 징병제 시행 특집으로 기획한 '님의 부르심을 받들고서'에 실린 삽화 '나팔수' 등의 친일작품으로 인해 친일논란을 낳고 있다. 나팔수는 일장기 아래서 기상나팔을 부는 병사의 뒷모습을 그린 것으로, 친일을 넘어 일제의 반인륜적 범죄 행태에 동조한 것이라는 평가를 받기도 한다.

평민 시인 천수경과 송석원시사

인왕산 아래쪽 옥류동 일대는 뛰어난 경치로 유명했다. 지금의 박노수미술관을 포함하여 수성계곡에서 시작된 물길의 북쪽에 위치한 지역인 옥인동과 통인동 일대가 조선시대 옥류동이었다. 이 지역은 궁궐과 가까웠기에 왕족들과 고관대작, 그리고 중인들이 시공간의 차이를 두고 살았다. 세월이 흘러 정조 대에 이르자 수성동 아래쪽 인왕산 기슭의 경치 좋은 바위 인근은 중인들의 시문학 모임인 송석원시사(松石園詩社)의 모임장소가 되었다.

송석원은 정조 때 평민 시인이자 서당 훈장이던 천수경(?~1818)의 호이자, 그가 살던 곳을 이른다. 위항시인(委巷詩人, 조선 선조 때부터 시작된 중인·서얼·서리 출신의 하급관리와 평민 시인) 천수경은 1780년대 초에 옥류동으로 이사하고, 이곳을 송석원이라 하였다.

천수경은 정조10년(1786) 7월 옥류동(옥계)에서 차좌일, 왕채, 장혼, 조수삼, 박윤목, 김낙서 등 13명의 중인계층 시인들과 함께 시사를 결성하고, 이 시사를 옥계시사(玉溪詩社=송석원시사)라 하였다.

특히 규장각 서리 출신인 위항시인 존재(存齋) 박윤묵이 이들 평민 시인들과 어울려 함께 시회를 즐겼다.

송석원시사는 해마다 봄가을에 큰 백일장을 열었는데, 장안의 화제가 되어 문인들이 이 시사에 초청받지 못하면 부끄럽게 여겼다. 송석원시사가 열리던 곳 바위에 '松石園'이라는 글자가 새겨졌는데, 이 글씨는 추사 김정희가 썼다고 전하나 지금은 흔적을 찾을 수 없다. 위항문학의 확산은 중인이 조선사회를 이끌어가는 또 하나의 새로운 축으로 부상하는 계기가 되었다.

권세를 가진 자, 가재우물 주인이 되다

청풍계에 자리 잡았던 장동김씨는 옥류동 일대까지 점차 그 영역을 넓혔다. 조선 후기 순조 대 이후 송석원 인근 옥류동 일대는 권문세가들의 차지가 된다. 특히 옥류동 '가재우물'의 소유자가 곧 당대의 권력자였다. 가재우물이란 명칭은 우물이 가재(稼齋, 또는 노가재老稼齋) 김창업(1658~1721)의 집 청휘각 안에 있었다 하여, 그의 호를 따서 부른 데서 비롯되었다.

안동김씨는 영조 후반 경주김씨와 풍산홍씨 두 혈연의 전횡에 비판적이었다. 정조의 탕평책을 적극 지지하던 김조순(노론)은 당파를 가리지 않고 폭넓게 교류하였고, 이런 연유로 정조 재위 내내 중책에 기용되었다. 정조가 죽은 후 순조의 장인이 된 김조순이 경주김씨를 대신해 정권을 장악하면서, '장동김씨'는 조선 최대의 세도가문이 되었다.

장동김씨의 등장으로 외척이 권력을 주도하게 되었다. 세도정치란 본래 '세상을 올바르게 다스리는 도리'인 세도(世道)를 의미했다. 그러나 순조 대부터는 '신하나 외척이 강력한 정치 권세를 마구 휘두르는' 부정적인 의미의 세도정치(勢道政治)로 변질되었다.

장동김씨는 고종 대에 와서 명성황후의 일족인 민태호, 민규호의 세도에 밀려났다. 옥류동 일대와 가재우물의 소유권도 민씨 일가로 넘어갔다. 이는 약 200년에 걸친 장동김씨의 시절이 마감되었음을 의미했다. 민씨 일가가 가재우물을 넘겨받은 명분은 '민규호가 병들어 가재우물의 샘물을 마시기 원한다.'는 것이었다. 이후 옥류동은 민씨 일가의 소유가 되었다.

1882년 민태호의 딸이 세자빈으로 간택되자, 옥류동(송석원)은 민씨 세도정치의 중심지가 되었다. 그러나 1904년 세자빈 민씨(훗날 순명효황후)는 남편인 순종의 등극을 보지 못하고 죽었다.

송석원, 매국노의 아방궁 '벽수산장'이 되다

1906년 윤택영의 딸이 황태자비(순종의 둘째 부인 순정효황후)로 간

매국노 윤덕영이 1938년 자신의 딸을 위해 지은 집으로 지금은 박노수미술관이다

택되면서, 민씨 일가는 권력의 중심에서 밀려나게 된다. 이후 순정효황후의 큰아버지 윤덕영이 가재우물의 새로운 주인이 되었다. 이렇게 가재우물은 권력을 쥔 자를 상징하는 우물이 되었다.

송석원(옥류동)의 새로운 주인이 된 윤덕영은 경술9적이다. 고종의 시종원경(비서실장)이던 윤덕영은 1910년 창덕궁에서 마지막 어전회의가 열렸을 때 조카인 순정효황후가 치마폭에 감춘 옥새를 탈취해 이완용에게 넘겨준 인물이다.

옥새를 받아든 이완용은 그날 저녁, 남산 통감관저로 달려가 나라를 팔아먹었지만 '왕실만은 건드리지 말 것'을 요청했다. 그러나 윤덕영은 왕실 보호 따위에는 관심이 없었고, 오로지 자신의 부귀영화에만 열을 올렸다. 윤덕영은 훗날 일제의 기미년 고종 살해사건에 연

매국노 윤덕영의 아방궁 벽수산장의 진입로를 알리는 두개의 돌기둥과 붉은 벽돌 아치형 문 형태(왼편)가 남아 있다

루된 인물이기도 하다.

윤덕영은 한일강제병합(경술국치)의 공로로 일제로부터 거액의 하사금과 자작 작위를 받고 닥치는 대로 이권에 개입하여 부를 축적했다. 권력과 부를 모두 갖게 된 그는 옥인동 일대에 자신만의 아방궁을 지었다.

송석원 터에 1914년부터 10여 년에 거쳐 222평짜리 저택 벽수산장과 한옥 등 14동의 건물을 지었다. 벽수산장은 당시 국내 최대·최고의 호화주택으로 '돌문 안 뾰족집'으로 불렸다. 윤덕영이 소유한 땅은 오늘날 옥인동의 56%에 달했으며, 나머지 44%는 경우궁터(자수궁터)와 이완용의 소유였다.

동네 이름으로 흔적 남긴 누각동천

박노수미술관 건너편에서 옥류동천으로 흘러드는 물길이 누각동천이다. 누각동천은 물길 인근에 누각이 있어서 붙은 이름으로, 이를 기준으로 위쪽과 아래쪽이 누상동과 누하동으로 나뉘었다. 물길은 대부분 복개되어 그 흔적을 찾기 어렵지만, 누상동에는 화가 이중섭의 흔적이 남았다.

화가 이중섭(1916~1956)은 평안남도 평안의 부잣집 막내아들로 태어나 오산고등보통학교를 졸업한 후 일본 동경으로 건너가 미술공부를 했다. 유학시절 후배인 야마모토 미사코를 만났으나, 양가의 반대로 인해 광복 직전에 어렵게 결혼했다. 결혼 후 아내에게 '남쪽에서 온 덕 있는 여자'라는 뜻의 이남덕이라는 한국이름을 지어주었다.

한국전쟁 때 남쪽으로 내려온 그의 가족은 부산과 제주도 등에서 생활했다. 제주도 시절이 가장 행복했던 때였지만, 담배갑(匣)의 은박지에 그림을 그릴 정도로 생활은 어려웠다. 장인이 죽으며 유산을 남긴 것을 계기로 궁핍한 생활로 고생하던 부인과 아이들을 일본으로 보냈다.

홀로 남은 이중섭은 생활고 속에서도 창작활동을 멈추지 않았다. 1954년 7월부터 5개월여 동안 비어 있는 누상동 친구의 집 2층 구석 다다미방에서 그림을 그렸다. 1955년 1월 미도파백화점, 5월 대구에서의 전시회가 모두 부진했다. 이중섭은 영양실조와 정신이상으로 1956년 적십자병원에서 사망했다.

오얏나무상자(李箱)가 된 천재시인

수성동에서 시작된 옥류동천은 누각동천을 받아들인 후 누각동천의 북쪽 옥류동에서 흘러내린 물줄기를 만나 통인동정자 앞에서 동남쪽으로 구부러져 흘러 우리은행효자동지점 앞에서 백운동천으로 흐른다.

통인동정자에서 물길을 따라 가다보면 3대째 이어오는 50년 전통의 중식당 '영화루'가 있고, 머지않은 곳에 자리한 대오서점은 1951년에 문을 연 책방으로 지금은 사진 찍고, 커피 마시는 공간이 되었다.

이상의 집은 시인 이상(1910~1937, 본명 김해경)이 살던 집 일부를 문화유산신탁이 매입하여 관리하는 공간이다. 원래 이상이 살던 집은 현재 공간의 좌우로 연결된 집과 건물 등 같은 블록을 모두 포함해 6배 정도 컸다.

이상은 3살 때 큰아버지 김연필에게 입양되었다. 백부의 교육열에 힘입어 동광학교(뒤에 보성고등보통학교에 병합)를 거쳐, 1929년 경성고등공업학교 건축과를 수석졸업하고, 그 특례로 총독부 건축과 기사로 취직했다.

1931년 '건축무한육면각체'를 발표하면서 이상이라는 필명을 처음 사용한다. 이상이라는 이름은 친구인 화가 구본웅에게서 선물로 받은 오얏(李)나무로 만들어진 상자(箱)인 화구 상자에서 유래되었다.

1933년 각혈로 건축기사직을 그만둔 이상은 황해도 배천(白川)온천으로 요양 갔다가 기생 금홍을 만나게 되었다. 서울로 돌아온 이상은 금홍과 함께 종로에서 다방 제비를 운영하지만 오래가지는 못했다. 1934년 구인회에 가입하여 문학 활동을 하였다. <조선중앙일보>에 시 '오감도'를 연재하지만, 독자들의 항의로 연재를 중단해야 했던 난해(難解)시로 당시 문학계에 큰 충격이었다.

1936년 변동림과 결혼한 뒤 일본 도쿄로 갔고, 1937년 사상불온 혐의로 체포되었다가 병보석으로 풀려났다. 이 일로 지병인 폐병이 악화되어 도쿄대학부속병원에서 사망했다. 그의 나이 27살이었다. 유해는 경성으로 돌아와 미아리공동묘지에 안치되었으나, 후에 유실되었다.

이상과 결혼한 변동림은 경기고녀와 이화여전 출신의 엘리트로, 구본웅의 이모(계모 변동숙의 26살 아래 동생)였다. 변동림은 이상과 사별 후 추상화가 김환기와 재혼하고, 남편의 아명을 빌어 김향안이라 개명했다. 1974년 김환기 사망 후 1978년 환기재단을 설립하고, 1992년 환기미술관을 개관했다. 미술관의 수향산방은 김환기와 김향안의 호인 '수화'와 '향안'에서 따온 이름이다.

03 사직동천

사직동천(社稷洞川)은 사직단의 서남쪽 한국사회과학도서관
부근과 경희궁 북쪽 사직동교회 부근에서 발원한 두 갈래
물줄기가 하나로 합쳐져, 서울지방경찰청 인근에서 동쪽으로
방향을 바꾸고 종교교회 앞에서 백운동천으로 흘러드는
물길이다. 비교적 짧은 물길에다 1925년 시작된 제2기
하수개수사업 때 복개되었고, 최근 아파트까지 들어서 본래의
물길을 찾기가 쉽지 않다.

사직동천은 토지의 신 사(社)와 곡식의 신 직(稷), 두 신(神)에게 제사를 지내던 사직단 근처에서 물길이 발원하였기에 붙은 이름이다. 사직단은 종묘와 함께 중시되던 시설로, <주례 고공기(考工記)>의 내용 가운데 '좌묘우사'의 원칙에 따라 법궁인 경복궁의 오른쪽에 자리 잡았다.

경희궁 북쪽 발원 사직동천 물길 상류

사직단의 우여곡절과 종로도서관

사직단은 1394년(태조3)에 설치되었는데, 임진왜란 당시 건물이 모두 불타고 단(壇)만 남았다. 이후 1636년(인조14) 병자호란 때도 수난을 당했고, 1694년(숙종20) 다시 고쳐지었다. 1897년(광무원년) 황제국을 선포한 고종은 사직단을 태사태직(太社太稷)이라 했으나, 1908년(융희2) 제사가 폐지되면서 사직단도 그 역할을 다한다.

① 사직단
② 종로도서관 | 이범승동상
③ 서울지방경찰청 | 내자호텔
④ 종교교회

사직단

　일제강점기 1922년 경성부에서 사직단을 관리하면서 편의시설을 갖추었고, 1924년 5월 사직단 일대를 공원으로 만들었다. 1932년에는 사직단 부지 가운데 500여 평이 관립매동공립보통학교(매동초등학교) 부지로 편입되었고, 1940년 사직단은 도시공원으로 지정되었다.
　우리 손으로 직접 사직단을 훼손하기도 했다. 광복 후 1967년 사직터널이 뚫리고 도로가 확장되면서, 사직단 정문이 14m 뒤쪽으로 물러나야 했다. 또 사직단에는 신사임당과 율곡 이이의 동상과 단군성전, 김동인문학비, 그리고 종로도서관 등이 들어섰고, 한때는 어린이 놀이터와 간이매점, 수영장까지 있었다. 사직단은 1980년대 이후 몇 차례 보수공사를 거치며 지금에 이른다.
　사직단 서쪽 높은 곳에 자리한 종로도서관은 1968년 지금의 위치로 신축 이전한 것이다. 종로도서관은 한국인이 세운 최초의 도서관인 취운정경성도서관을 그 시초로 한다. 1920년 11월 5일(정식 개관 11월 27일) 윤익선은 취운정 자리에 경성도서관의 문을 열었다. 1921년 9월 10일에는 이범승이 총독부로부터 파고다공원(탑골공원)의 옛 한국군악대 건물을 불하받아 임시신문잡지열람소의 문을 열었다. 이후 두 곳을 통합하여 경성도서관으로 운영하는데, 경성도서관은 옛 한국군악대 건물을 본관으로, 취운정도서관을 분관으로 개편하였다.

이범승은 1922년 휘문학교 설립자인 민영휘로부터 1만 원을 기부받아, 1923년 7월 28일 열람실과 신문실, 서고, 휴게실 등을 갖춘 130여 평의 석조건물을 완공했다. 한국인에 의해 설립된 최초의 근대식 도서관 건물이었다. 옛 건물은 빈민아동을 위한 교육(오전)과 일반아동열람실(오후)로 활용되는 아동관으로 운영되었다.

종로도서관

이범승

그러나 경영난으로 인해 1924년 10월 1일부터 여러 차례 무기 휴관을 반복하다가, 1926년 3월 25일 경성부에 양도되어 경성부립도서관종로분관이 되었다. 광복 후 1945년 서울시립종로도서관으로 명칭이 바뀌었고, 1967년 탑골공원 재개발 사업으로 인해 3층 석조건물 도서관은 사라지게 되었다. 1968년 종로도서관은 지금의 위치로 옮겨왔으며, 도서관 입구 안쪽에는 이범승의 흉상을 세워 기리고 있다.

사원아파트, 내자호텔, 그리고 서울경찰청
서울지방경찰청 자리는 일제강점기인 1935년 일본 미쿠니(三國)석탄회사가 4층짜리 사원아파트를 지은 곳이다. 광복 후 내자호텔이라는 이름으로 주한미군의 숙소로 사용되다가, 한국전쟁 당시 종군외신기자클럽이 들어서기도 했다.

내자호텔이 일반인에게 알려진 것은 1979년 10.26 이후다. 김재규가 궁정동안가에서 박정희를 총으로 쏜 그날, 현장에는 두 명의 젊은 여성이 술시중을 들고 있었다. 김재규의 재판을 통해 알려진 사실은 당시 채홍사로부터 연락을 받은 많은 여성들이 대기하던 곳이 바로 내자호텔 1층 커피숍이었다. 이 같은 사실이 알려지면서 내자호텔은 관심을 끌었다.

내자호텔 자리에 들어선 서울지방경찰청

  이처럼 근현대사의 한 부분이 된 내자호텔은 1990년 8월 철거되어 사라지고, 그 자리에 서울지방경찰청사가 들어섰다. 한편, 1991년 5월 작성된 '용산이전 합의각서 관련 대책 필요'라는 안기부 문건이 공개되면서, 내자호텔 반환 협상 당시 주한미군 측의 압박이 있었음이 알려졌다.

  (외무부 안에서는) 88. 7 '주한미군 숙소로 무상 대여한 내자호텔을 반환받는 조건으로 48억 원을 지급하는 것은 부당하다'며 맞서온 유광석 미주국안보과장이 미군 측의 로비로 전보(일본연수)된 바 있어, 반 국장도 같은 사례로 피해를 입을 것을 우려하여 서명할 수밖에 없었다는 자조적인 분위기마저 산견(散見)되고 있음

1991년 5월 안기부 문건 중에서

교회 이름으로 남은 종침교

서울지방경찰청 동쪽 사직동천이 백운동천으로 흘러드는 곳에는 종침교가 있었다. 종침교 다리 이름에는 역사적 사건과 얽힌 이야기가 전해온다.

성종 때 재상인 허종(許琮)과 동생 허침(許琛)은 늙은 누이와 한 마을에 살았다. 성종 때 조정에서는 연산군의 생모이며, 성종의 비인 윤씨의 폐비(廢妃)에 관한 논의가 있었다. 다음날 어전회의에서 이 일을 결정키로 하고 돌아오는 길에 허종은 누이를 찾아가 이를 논의했다. 다음날 허종과 허침은 어전회의에 가던 중 이 다리에서 낙마하여 회의에 참석하지 못했는데, 이날의 불참으로 인해 뒷날 화를 피할 수 있었다. 이후 사람들은 허씨 형제의 이름을 따 이 다리를 종침교라 불렀고, 부근의 마을은 종침다릿골이라 하였다.

종침교터와 종교교회

이후 종침교 인근에 종교교회가 자리했다. 자골(잣골)에 있던 교회가 1908년 4월 이곳(적선방 장흥동)에 새 예배당 건물을 마련하고, 종교교회라 하였다. 이 같은 사실은 1908년 4월 26일자 <대한매일신보>와 4월 30일자 <황성신문>에서 확인할 수 있다.

장흥동(長興洞)에 재(在)한 감리교당(監理敎堂)을 종교(宗橋) 신구입(新購入)한 처소(處所)로 제작일(再昨日)에 이접(移接)하얏는대 각목사(各牧師)를 청요(請邀)하야 1주일간(一週日間)을 전도(傳道)한다더라.　　　　　　　　　　　<황성신문> 1908. 4. 30.

이 신문 기사를 통해 다리 이름의 한자(漢字)가 종(琮)에서 종(宗)으로 바뀌어 사용되고 있음이 확인된다.

서울의 터널

1967년 서울에 최초로 건설된 사직터널에 이어 잇따라 터널이 뚫렸다. 1970년 7월 7일 경부고속도로가 개통된 직후인 8월 15일 남산1호터널이 준공되었다. 이어 12월 4일 남산2호터널이 개통되었고, 남산3호터널은 1978년 3월 31일 완공됐다. 한편 1970년 12월 30일 삼청터널, 1971년 8월 31일 북악터널, 1979년 8월 16일 금화터널, 1980년 12월 29일 구기터널, 1986년 8월 30일 자하문터널이 개통됐다.

04 경복궁내수

경복궁내수(景福宮內水)는 옛 지도 밖에서는 찾아볼 수 없는 물길이다. 수선전도에는 광화문 서쪽에서 물길이 흘러, 사직동천이 백운동천과 합류하는 지점보다 남쪽에서 백운동천으로 흘러드는 물길로 표시되어 있다.

박현욱(서울역사박물관 학예연구부장)이 집필한『서울의 옛 물길 옛 다리』에 따르면, 경복궁 안 지금의 국립고궁박물관 자리에 있던 연못에서 시작된 물길이 광화문 서쪽 수구를 통해 궁 밖으로 빠져나와 정부서울청사를 지나 의영고 터 부근에서 백운동천과 합류한다.

옛 지도에서만 확인되는 물길

물길이 시작된 연못과 물길의 흐름은 1750년대에 제작된 <도성도>에서 확인이 가능하다. <도성도>에서는 물길이 광화문 서쪽의 수구를 통해 궁 밖으로 흐르지만, 지금은 수구가 확인되지 않는다.

경복궁 남동쪽 연못이 있던 자리에 들어선 국립고궁박물관은 조선왕실과 대한제국 황실 문화유산에 대한 조사·연구·수집·보관 및 전시 등 전반을 담당한다. 일제강점기에는 기존 황실 업무를 담당하던 궁내부를 이왕직으로 격하시켜 담당하게 했고, 미군정 시절은 구황실사무청을 설치하여 관리토록 했다.

대한민국 정부 수립 후에는 구왕궁재산관리위원회, 구황실재산

① 국립고궁박물관
② 의영고 터
▭ 정부서울청사 | 별관

경복궁 남동쪽 연못 자리에 들어선 국립고궁박물관

사무총국으로 이름이 바뀌었고, 1961년 10월에는 문화재관리국으로 변경하여 문화유산을 포괄적으로 관장하도록 개편되었다.

1992년 문화재청이 덕수궁에 궁중유물전시관을 개관하면서 왕실 유물에 대한 본격적인 관리가 시작되었다. 덕수궁 석조전의 전시 및 수장 공간이 협소하여, 용산으로 옮겨 가는 국립중앙박물관의 옛 건물에 조선왕실역사박물관을 건립하기로 했다. 국립고궁박물관은 광복 60주년인 2005년 8월 15일 일부 개관 후, 2007년 11월 28일 3개층 전관을 개관하였다.

정부서울청사는 흩어져 있는 정부부처를 한곳으로 모아 능률을 높이기 위해 1970년 정부종합청사로 준공된 건물이다. 정부제1청사, 정부세종로청사, 정부중앙청사로 이름이 바뀌다가, 세종특별자치시로 정부부처 일부가 이전한 뒤 2013년 정부서울청사가 되었다.

의영고터 표지석

정부서울청사 별관은 2002년에 준공되었다.

　정부서울청사 별관 북쪽 도로에 의영고 터라 쓰인 표지석이 있다. 의영고(義盈庫)는 호조 소속으로 궁중에서 사용되던 기름과 꿀, 과일 등의 출납을 관리하던 관청으로 1882년(고종19)에 폐지되었다.

　정부서울청사를 남쪽으로 흐른 물길은 정부서울청사별관 인근에서 남서로 방향을 바꾸어 백운동천으로 흘러들었다.

05 경희궁내수

경희궁내수(景熙宮內水)는 경희궁 안에서 발원한 두 개의 물길이 금천교 부근에서 하나로 합쳐진다. 하나 된 물길은 흥화문 옆 수구를 통해 궁 밖으로 나온 뒤 새문안로를 건너 동쪽으로 흐르다가 송기교 남쪽에서 백운동천 끝자락과 만나 청계천으로 흘러든다.

박현욱의 『서울의 옛 물길 옛 다리』에 따르면, 경복궁내수는 경희궁 안 숭의문(崇義門) 부근에서 발원하여 한 갈래는 경희궁 북쪽 담장을 따라 흐르고, 다른 한 갈래는 남쪽 담장을 따라 흘렀다. 현재 옛 기상청 부근에서 발원하여 흥국생명 빌딩 부근에서 동쪽으로 꺾어져 흐르다가 광화문 감리빌딩 부근에서 개천 본류와 합류하였다.

흔적도 없이 사라졌던 경희궁

경희궁내수는 일제강점기 경희궁터에 경성중학교가 들어서면서 물

① 서울고교
② 서울역사박물관
③ 광화문빌딩
▭ 경희궁 영역

길이 사라지기 시작해, 지금은 경희궁터 내의 물길을 찾을 수가 없다. 그렇지만 금천교가 복원되어, 물길의 흔적을 알 수 있게 되었다.

<도성대지도>를 통해 물길이 흥화문 남쪽 수구를 통해 밖으로 흘러나온 후 궁 밖의 다리(경희궁前橋)를 지나 동쪽으로 방향을 바꿔 흐르다가 광화문빌딩을 가로질러 백운동천과 만난 후 청계천으로 흘렀음을 알 수 있다.

경희궁(慶熙宮)의 본래 이름은 경덕궁(慶德宮)으로, 1620년(광해군12)에 완공했다. 광해군은 창덕궁이 불길하다 하여, 인왕산 아래에 인경궁(仁慶宮)을 지었다. 그러나 광해군은 자신의 배다른 동생 정원군(定遠君)의 옛 집터에 왕기가 서렸다는 술사(術士)의 이야기를 듣고, 그 자리에 경덕궁을 지었다.

경덕궁이 완공되었지만 정작 광해군은 들어가지 못했고, 반정으로 왕위에 오른 인조가 경덕궁에 머물렀다. 인조는 옛집에 왕기가 서렸다는 정원군의 장남이었기에, 술사의 말이 맞은 셈이 되었다.

'서궐'이라 불렸던 경덕궁은 이궁(離宮)으로 지어졌지만, 여러 임금이 이곳에서 머물며 정사를 돌보았기에 중요시되었다. 숙종(19대)과 경종(20대)이 경덕궁에서 태어났고, 정조(22대)와 헌종(24대)이 숭정문에서 즉위했다. 1760년(영조36) 영조는 경덕궁 이름을 경희궁으로 바꿨는데, 이유는 원종(정원군)의 시호가 경덕(敬德)이어서 음이 같은 것을 피하기 위해서였다.

경희궁은 서울의 5대 궁 가운데 가장 많이 훼손되었다. 고종 즉위 후 경복궁을 복원하면서 많은 전각이 옮겨졌고, 일제강점기에는 경희궁 자리에 일본인 자녀를 위한 경성중학교가 세워지면서 다시

경희궁 서암

훼손되었다. 광복 후 1946년 3월 5일 서울공립중학교가 들어섰다. 1951년 학제변경에 따라 서울고등학교와 서울중학교로 나뉘었다가 서울중학교는 1971년 폐교되고, 서울고등학교는 1980년 서초동 현재의 위치로 이전하였다.

서울고등학교 운동장 자리에 2002년 서울역사박물관이 문을 열었다. 조선시대 이후 서울의 역사와 서울사람들의 생활, 그리고 지금의 서울이 있기까지의 변화를 보여주는 서울역사박물관은 청계천박물관과 한양도성박물관을 비롯해 경희궁, 경교장, 백인제가옥, 동대문역사관·운동장기념관, 돈의문역사관, 공평도시유적전시관, 서울생활사박물관 등을 분관으로 관리하고 있다.

복원된 경희궁 금천교는 일제강점기 경성중학교 설립 당시 운동장이 되면서 땅속으로 묻혔다가, 서울역사박물관을 건립할 때 유구

서울역사박물관

경희궁 금천

가 발견되어 2001년 복원되었다. 금천교 앞쪽이자 경희궁의 동쪽에 정문인 흥화문(興化門)이 있었다.

관할구역이 나뉜 하나의 빌딩

흥화문 옆 수구를 빠져나온 물길은 남쪽 흥국생명빌딩 뒤편에서 동쪽으로 방향을 바꿔 광화문빌딩 동쪽에서 백운동천과 합류하여 청계천으로 흘러들었다. 지금은 대형빌딩들이 늘어선 새문안로 남쪽 구역은 1980년대 말까지만 해도 큰길가에는 낮은 건물이 늘어섰고, 뒤편으로는 2~3층짜리 양옥과 단층 한옥들이 어지럽게 자리했다.

당시 큰길가에 늘어선 건물 바로 뒤에는 두 개의 좁은 골목길이 있었는데, 그 중 하나가 경희궁내수가 흐른 물길이다. 오늘날 대형빌딩이 늘어선 남쪽 뒤편에 비교적 넓게 동서로 이어진 길이 바로 물길의 흔적을 포함하고 있다.

　백운동천과 만나기 전 경희궁내수가 흐르던 곳에 광화문빌딩이 자리 잡고 있다. 광화문빌딩이 들어서기 전 이곳에는 국제극장과 감리회관이 있었다. 1957년 9월 국제문화관이 문을 열었고, 1959년 국제극장으로 이름이 바뀌었다. 2층짜리 철근콘크리트 가건물로 논란이 되기도 했던 국제극장 앞은 대형 분수대가 있는 광장이었다. 국제극장은 1985년 4월 폐관·철거되기 전까지 외화 전문의 상영관으로 명성을 떨쳤다.

　현재의 광화문빌딩은 북쪽은 종로구·남쪽은 중구에 속해, 두 곳의 지자체에서 관할하는 독특한 건물이다. 종로구와 중구가 재산세를 두고 벌인 양보 없는 줄다리기 끝에 1~11층은 종로구, 12~20층까지는 중구가 나누어 관할하고 있다.

삼청동천(三淸洞川)은 한양의 주산인 백악과 그 동쪽의 응봉 사이에서 발원하여 남쪽으로 흐르는 물길이다. 삼청동을 지나고 경복궁 동쪽을 흐른 물길은 동십자각 남쪽에서 경복궁 동남쪽 수구를 통해 흘러나온 물줄기와 합류한 뒤 중학과 혜정교를 지나 서린동에서 청계천 본류로 흘러든다.

    삼청동천은 백악산 동쪽 기슭과 응봉의 서쪽 촛대바위 부근, 두 군데서 발원한 물줄기가 곧바로 하나의 물길이 되어 삼청동을 흘렀다. 뛰어난 경치로 무릉도원이라 불리던 삼청동을 흘러내린 물길은 경복궁 동쪽 담장을 따라 늘어선 왕실 관련 기구들 앞으로 흘렀다. 삼청동천은 동십자각을 지나서는 경복궁 동남쪽 수구를 통해 궁 밖으로 흘러나온 물길을 만난 뒤 중학 앞을 지나는데, 이런 연유로 중학천(中學川)이라고도 했다. 삼청동천 또는 중학천은 혜정교를 지나 청계천으로 흘러드는 하천이다.

① 서울지구병원 | 화약고터
② 선혜북창 | 번사창(기기창)
③ 제성단 | 태화궁
④ 삼청동문 각자
⑤ 장원서터
⑥ 소격서터
⑦ 종부시(종친부) | 국군수도통합병원 |
   국립현대미술관 서울관
⑧ 규장각터
⑨ 사간원터
⑩ 중학터
⑪ 혜정교터

제단·창고가 들어선 상류지역

삼청동의 지명과 관련하여 두 가지 이야기가 전해온다. 하나는 이곳이 산(山) 좋고, 물(水) 좋고, 사람(人心)이 좋다 하여 삼청(三淸)이라 하였다. 실제로 이곳은 도성 안에서 경치가 좋은 곳으로 손꼽혔으며, '삼청동문(三淸洞門)'이라는 바위글씨도 새겨져 있다. 다른 하나는 조선전기 이곳에 태청(太淸)·상청(上淸)·옥청(玉淸) 등 도교의 삼신을 모시는 삼청전(三淸殿)이 있었기 때문이다. 실제로 태조는 1396년(태조5) 이곳에 소격서(昭格署)를 설치하여 제(祭)를 관장하도록 했다. 현재 삼청파출소 앞에 소격서터라는 표지석이 세워져 있지만, 남겨진 기록과는 다소 차이가 있다.

삼청동천의 상류지역에는 주로 제단과 창고 등이 있었다. 조선 세종 때 소격서가 있어서 이름 붙은 소격전동에 화약고(火藥庫)가 자

삼청동천 서쪽 물길 상류

삼청동천 동쪽 물길 상류

리했다. 화약고가 궁궐과 가까운 곳에 자리한 이유는 인가가 드문 산속이었기 때문이다.

1866년(고종3) 고종은 화약고가 경복궁 가까이에 있어 위험하므로, 하도감(훈련도감의 분영)으로 이전하라는 명령을 내렸다고 전한다. 1770년(영조46)경에 그린 <한양도성도>에는 화약고가 표시되어 있고, 1911년에 제작된 <경성부시가도>에는 화약고곡(火藥庫谷)이 표기되어 있다. 양승우 교수의 <한양의 도시 형태와 물길체계>라는 강좌 중 '삼청동천 도시읽기'에 따르면, 화약고곡 자리

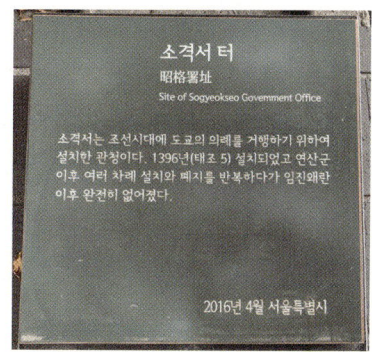

소격서터

서울지구병원

는 옛 한국교육과정평가원, 지금의 서울지구병원 부근 골짜기이다.

화약고곡에서 가까운 삼청동천의 동쪽에는 선혜북창이 있고, 서쪽으로는 제성단이 자리했다. 제성단과 유사한 위치에 태화궁이 표기되어 있는데, <고종실록> 26년(1889) 5월 13일과 24일자 기사에 따르면, 경복궁 북쪽 궁장 밖에 있었던 태화궁에서 고종이 병영(兵營, 육영공원) 학도들에게 시강(試講)하였다.

선혜북창이 있던 곳에는 한국금융연수원이 자리하고 있다. 이곳은 번사창(飜砂廠)이라고 알려진, 조선 말기에 근대식 무기를 제조하던 기기국 소속의 기기창(機器廠) 건물이 남아 있다. 번사란 흙으로 만든 거푸집에 쇳물을 부어 주조하는 것을 말한다. 국무총리공관 정문 동쪽 건물 뒤 바위에는 '삼청동문(三淸洞門)'이라 새겨져 있는 바위가 숨어 있다.

정독도서관 서쪽 담 밑에서 만나는 장원서터 표지석은 이 일대에 궁궐의 정원과 꽃, 과수원 등을 관장하던 관청이 있었음을 알려준다. 삼청파출소를 지나 경복궁 담장과 만난 물길은 경복궁 동쪽 담장을 따라 곧게 남으로 흐르며, 왕실 관련 기관을 스쳐 지난다.

물길이 복개된 이후 대형 필지에는 국무총리공관이나 한국금융연수원 등 주요기관이 들어섰고, 그 주변으로는 편의시설이 들어서면서 상업지역이 형성되기 시작했다.

왕실 관련 기관이 들어선 궁궐 동쪽

1428년(세종10) 7월, 건춘문 밖에는 조선시대 종친에 대한 교육을 담당하던 교육기관인 종학(宗學)이 세워졌다. 성균관 관원이 종학관을 겸하게 된 것은 1430년(세종12)부터였다. 그러나 종친이 벼슬하는 것을 금지하면서 종학의 기능은 유명무실해졌다.

국립현대미술관 서울관과 종친부 건물

2013년 문을 연 국립현대미술관서울관 자리는 조선시대 종부시(종친부), 규장각, 사간원이 있던 곳이다. 종부시는 왕실의 족보인 <선원보첩(璿源譜牒)>을 편집·기록하고, 왕실의 잘못을 조사·규탄하는 임무를 맡아보던 관청이다. 사간원은 국왕의 과오나 비행을 비판하던 간쟁(諫諍) 및 관료에 대한 탄핵, 인사문제 등을 담당했던 기관으로, 사헌부·홍문관과 함께 삼사(三司)로 불렸다. 사간원은

사간원터

의정부나 육조, 사헌부 등과 더불어 핵심 기관이었다.

　일제강점기인 1913년 종친부 건물이 있던 자리에 일본군수도육군병원이 들어섰고, 1928년부터 1945년까지 경성의학전문학교부설 병원으로 이용되었다. 광복 이후에는 서울대학교의과대학부속병원, 국군수도통합병원, 기무사 등이 자리했던 곳이다.

　현대식 건물의 미술관 뒤편에는 조선왕조 종친들의 관혼상제 등을 맡아보던 종친부 건물인 경근당(敬近堂)과 옥첩당(玉牒堂)이 자리하고 있다. 이 한옥 건물들은 지난 1981년 정독도서관으로 이전되었다가, 2013년 다시 이곳으로 옮겨왔다. 국군기무사령부 부지에 국립현대미술관서울관 건립을 앞두고 실시한 발굴조사 당시 종친부 건물의 기초가 확인되어, 경근당과 옥첩당을 이전·복원한 것이다.

　삼청동천은 아낙네들의 빨래터였다. 1966년 삼청동천이 전면 복

대은암천 물길(왼편)이 삼청동천을 만나는 지점

중학터   중학천 석축 유구

개되기 전까지만 해도 사간원 앞 물길은 여전히 인근 주민들의 빨래 터였다. 심지어 물길 옆에서는 커다란 가마솥을 걸어놓고 빨래를 삶아주는 것을 업으로 하는 사람도 있었다.

중학천으로 불린 육조거리 동쪽 물길

삼청동천은 동십자각 남쪽에서, 경복궁에서 흘러나온 물길을 지류로 받아들인 후 중학 앞으로 흐른다. 중학은 조선시대 중등교육기관 역할을 했으며, 도성 내에 세워진 4학 중의 하나였다. 물길은 육조대로의 동쪽 관공서 뒤편으로 이조·예조·호조, 그리고 한성부·기로소 등을 접하며 흘렀다.

광화문우체국 동쪽에 혜정교(惠政橋)라는 다리가 있었다. 혜정교는 삼청동천(중학천)이 청계천으로 흘러들기 전 종로 쪽에 놓인 다리로, 다리 옆에 우포도청이 있어 포청다리 또는 관가다리라 불리기도 했다. 지금의 광화문우체국 자리에 우포도청이 있었다.

혜정교는 1412년(태종12) 개천 공사를 할 때 광통교와 함께 만들어진 돌다리다. 혜정교는 백성이 많이 모이는 운종가와 육조거리가 마주치는 곳이자, 우포도청 앞이었기에 공개적으로 벌하기에는 더없이 좋은 장소였다. 이 다리에서는 탐관오리에 대한 팽형(烹刑) 또는 부형(釜刑)을 시행하였다. 이 형벌은 끓는 가마솥에 죄인을 삶는 공개처형이었지만, 실제로 삶는 것이 아니라 흉내만 내어 경각심을 주는, 일종의 전시효과를 얻기 위함이었다.

1434년(세종16) 10월 2일에는 혜정교와 종묘 앞에 해시계인 앙부일구(仰釜日晷)를 설치해 백성이 널리 시간을 알 수 있도록 했다.

혜정교를 지난 삼청동천은 청계천 본류와 합수한 뒤 청계천이 되어 동으로 흐른다.

혜정교터

삼청동천(중학천)합수지점

춘생문 사건

청와대 춘추관 근처에는 조선시대 신무문 밖 후원 동쪽 출입문인 춘생문이 있었다. 이 문은 일명 '춘생문 사건'으로 알려진 아픈 역사를 품고 있다.

아관파천 이전에 경복궁에 유폐된 것이나 다름없던 고종을 구출하려는 시도가 있었다. 1895년 11월27일 밤, 친위대를 동원해 고종을 정동의 미국공사관으로 피신시키려 했던 '거사'를 일컬어 춘생문사건이라 한다.

춘생문 사건의 중심에는 이범진, 이재순, 이윤용, 이완용, 이하영, 윤치호 등 정동파 인사들이 있었다. 정동파는 서양 외교관의 친목단체인 정동구락부에 출입하던 정치인을 말한다. 이들은 미국인 선교사 언더우드를 비롯해서 윌리엄 다이, 호머 헐버트 등의 도움을 받아 고종을 경복궁 춘생문을 통해 미국공사관으로 거처를 옮기려 했으나, 사전에 발각되어 실패했다.

고종은 춘생문 사건으로 더욱 궁지에 몰렸다. 춘생문 사건을 계기로 일제는 히로시마 감옥에 수감 중이던 을미사변 관련 주모자들을 증거불충분이라는 이유로 전원 석방하였다.

춘생문 사건 후 얼마 지나지 않은 1896년 2월 11일 새벽, 고종과 세자는 러시아공사관으로 피신하는 데 성공했다. 이른바 아관파천(俄館播遷)이다.

07 대은암천

대은암천(大隱巖川)은 경복궁 서북쪽 칠궁 뒤편 기슭에 있는 큰 바위인 대은암 옆의 만리뢰(萬里瀨)라는 여울이 육상궁과 연우궁 사이로 흐른 것이 그 발원이다. 물길은 궁정동을 흘러 경복궁 서편을 흐르다가 정부서울청사창성동별관 앞에서 경복궁 안으로 흘러들어 경회루에서 흘러나온 물길과 합쳐져 금천(禁川)이 된다. 금천이 된 물길은 서에서 동으로 흐르며 영제교(永濟橋)를 지난 뒤, 경복궁 동남쪽 수구를 통하여 궁 밖으로 빠져나가 동십자각 남쪽에서 삼청동천과 합류한다.

칠궁 북쪽 백악산 기슭에 있는 큰 바위인 대은암 옆을 흐르는 여울인 만리뢰가 대은암천의 발원이다. 물길은 대은암 남쪽의 육상궁 옆으로 흘러 경복궁 서쪽을 남서로 다시 남동으로 구불구불 흐르다 영추문 북쪽 수구를 통해 경복궁 안으로 흘러든다.

칠궁 내 냉천

칠궁 내 물길

① 대은암 | 만리뢰
② 칠궁
③ 무궁화동산
④ 신익희가옥
⑤ 쌍홍문터 표지판
⑥ 이광수옛집
⑦ 진명여고터
⑧ 정부중앙청사
   창성동별관

칠궁을 흐른 대은암 만리뢰

조선 중종 때 영의정을 지낸 남곤(1471~1527)이 살던 집 뒤에 큰 바위와 골짜기를 흐르는 시내가 있었다. 읍취헌 박은(1479~1504)과 용재 이행(1478~1534)이 경치가 뛰어난 이곳을 찾아 시와 술을 즐겼으나, 당시 승지였던 남곤은 함께 어울릴 수가 없었다. 이에 박은이 장난삼아 주인이 알아주지 못하는 바위를 '대은(大隱)', 멀리 있는 것 같은 시내를 '만리(萬里)'라 이름 붙었다.

만리뢰는 육상궁 동쪽 편으로 흘렀다. 지금은 칠궁이라 불리는 이곳은 원래 1725년(영조1) 영조가 자신의 생모인 숙빈최씨의 신위를 모신 육상궁을 비롯해 왕을 생산한 후궁들의 사당이다. 숙빈최씨의 사당은 숙빈묘(淑嬪廟)에서 육상묘(毓祥廟)로 바뀌었고, 1753년 육상궁(毓祥宮)이 되었다.

궁정동안가 자리

육상궁은 1882년(고종19) 불타 사라진 것을 1883년(고종20) 다시 지었다. 1908년 저경궁(儲慶宮)·대빈궁(大嬪宮)·연우궁(延祐宮)·선희궁(宣禧宮)·경우궁(景祐宮) 등 5개의 묘당을 이곳으로 옮겨 육궁이라 하다가, 1929년 덕안궁(德安宮)을 옮겨오며 칠궁이라 하였다.

김상헌집터

　칠궁 안에는 냉천이라는 우물이 있는데, 이로 인해 동네 이름이 궁정동이 되었다. 궁정동에 자리한 무궁화동산은 1979년 10월 26일, 당시 대통령 박정희가 중앙정보부장 김재규의 총탄을 맞고 사망한 궁정동 안가가 있던 자리다. 1993년 김영삼 대통령 시절, 궁정동 안가를 철거하고 무궁화동산을 조성했다.

　무궁화동산이 조성된 곳은 병자호란 때 끝까지 청과 맞서 싸울 것을 주장한 척화신(斥和臣) 김상헌(金尙憲)의 집이 있던 곳이다.

　김상헌은 사랑채 당호를 '무속헌(無俗軒)'이라 짓고, 그 앞뜰에는 겨울에도 푸른빛이 살아 있는 사철나무를 가득 심고 '동청(冬靑)'이라 불렀다.

신익희와 '비 내리는 호남선'

무궁화동산 남쪽 청와대사랑채 서쪽으로 흐르던 물길은 해공 신익희 가옥과 쌍홍문 표석 앞을 흐른다.

　해공 신익희(1894~1956)는 1908년 관립영어학교, 1915년 와세다대학 정경학부를 졸업하고 중동학교를 거쳐 1917년 보성법률상업학교(현 고려대) 교수가 되었다. 3.1만세운동에 참여 후 상하이로 망명하여 임시정부 내무차장과 외무차장 등을 지냈으며, 중국국민당 육군중장으로 활동하다가 한국광복군에 뛰어들었다.

광복 후 임시정부와 노선을 달리하며, 강경우익으로 이승만과 행보를 같이했다. 1948년 대한민국 출범 시 초대 국회부의장에 선출되어, 이승만이 대통령이 되자 국회의장직을 계승했다.

이후 독선적인 이승만과 부딪히면서 1949년 민주국민당을 창당하고, 1950년 다시 국회의장에 선출되었다. 1954년 자유당의 사사오입 개헌에 맞서, 김성수 조병옥 장면 윤보선 박순천 등과 함께 호헌동지회를 구성하고, 1955년 민주당을 창당했다.

1956년 민주당 대통령 후보로 출마했다. 당시 이촌동 한강백사장에서 열린 연설에 30만 명이 모이는 진기록을 세우는 등 정권교체가

신익희가옥

눈앞에 보이는 듯했다. 그러나 선거를 열흘 앞둔 5월 5일 전라선 함열역 부근에서 쓰러진 후 숨을 거두었다. 당시 야당의 선거구호는 '못살겠다, 갈아보자!'였다.

　신익희 사망 직후 '비 내리는 호남선' 노래가 유행하였는데, 이와 관련한 가슴 아픈 이야기도 전한다. 당시 내무부 치안국은 이 노래가 '민주당 후보의 별세를 애도하는 뜻에서 만들어진 것이 아니냐?'며, 작곡가 박춘석과 작사가 손로원을 소환해 집요하게 추궁했다. 그러나 조사 결과 이 곡은 신익희가 사망하기 3개월 전에 만들어졌음이 밝혀져 무사히 풀려나기까지 두 사람은 고초를 겪어야 했다.

쌍홍문터, 그리고 반민족행위자 이광수 옛집

쌍홍문터 표지판은 이곳 지명의 유래를 알려준다. 쌍홍문은 선조 때 임천조씨 조원의 아들 희정과 희철이 임진왜란 중 왜적으로부터 어머니를 구하려다 목숨을 잃은 효행을 기리기 위해 나라에서 내린 두 개의 정려(旌閭)를 의미한다. 전쟁이 끝나고 주변 사람들은 이 두 형제의 효행이 훌륭하다며 조정에 효자문을 세울 것을 요청하여, 조원의 집 앞에 쌍홍문이 세워진 것이 효자동의 유래가 되었다.

　한편 비극적인 삶을 살았던 천재시인 이옥봉의 이야기도 조원과 무관하지 않다. 조원의 첩실(妾室)이었던 이옥봉은 허난설헌, 황진이와 함께 조선시대 3대 여류시인으로 손꼽힌다. '몽혼(夢魂)'은 이옥봉의 대표작으로 꼽힌다.

近來安否問如何 (근래안부문여하)
月到紗窓妾恨多 (월도사창첩한다)
若使夢魂行有跡 (약사몽혼행유적)

이광수 옛집

門前石路已成沙 (문전석로이성사)
근래에 안부가 어떠하신가 묻노라니
달빛 비친 창가엔 첩의 한 가득 하여라
꿈속의 넋이 다닌 길에 자취라도 남았더라면
님의 문 앞 돌길은 반쯤은 모래밭이 되었으리

 쌍홍문터 표지판 동쪽에 식당으로 이용되는 2층 양옥집은 이광수와 허영숙(국내 최초의 산부인과 여의사) 부부가 살던 곳으로, 1층은 산부인과 병원이고 2층은 살림집이었다.
 육당 최남선, 벽초 홍명희와 더불어 조선의 3대 천재문인으로 꼽히던 이광수는 1919년 동경2.8독립선언서를 기초한 뒤 상하이 임시정부에서 기관지 <독립신문>의 사장 겸 주필을 맡기도 했다. 그러나

1922년 민족개조론을 발표하고, 1937년 수양동우회 사건으로 재판을 받던 중 완전한 친일파로 전향하였다. 1939년 신사참배를 하며 본격적인 친일행위를 시작한 그는 창씨개명, 학도병출병독려 연설 등에 앞장섰다.

광복 후 1949년 2월 반민족행위자특별조사위원회(이하 반민특위 反民特委) 체포자 제2호로 연행되어 서대문형무소에 수감되었다가, 3월 병보석으로 풀려났다. 한국전쟁 당시 1950년 7월 납북되었으나, 10월 25일 폐결핵으로 사망했다.

창성동을 지나 금천으로

창성동 67번지는 오랫동안 진명여고가 있던 자리다. 1906년 4월 고종의 계비인 엄순헌귀비가 자신의 동생 엄준원에게 시켜 진명여학교를 설립했다. 진명여학교는 한국인에 의하여 설립된 최초의 여학교다. 진명여고는 1989년 8월 지금의 위치인 목동으로 이전했다.

현재 정부중앙청사창성동별관은 1971년 국민대학교가 정릉으로 이전하기 전까지 교사로 사용하던 건물로, 1959년 완공된 철근콘크리트 건물이다. 내수동 보인상업학교에서 출발한 국민대는 1947년 남산 동본원사를 교사로 사용하다가, 1948년 종로구 창성동의 옛 체신이원양성소(광복 후 체신학교) 터로 이전한 것이다. 길

경복궁 안으로 들어온 대은암천 흔적

경복궁 북쪽 발원 물길

가의 플라타너스는 국민대 제1회 졸업식을 하던 1950년 6월 24일, 당시 졸업생이 기념으로 심은 나무이다.

  정부서울청사창성동별관 동남쪽으로 흘러 경복궁 서쪽 수구를 통해 경복궁 안으로 들어간 물길은 경복궁 북쪽에서 흘러내린 물길과 마주친 뒤 경회루의 물길과도 합쳐진다.

  이렇게 합쳐진 물길은 남으로 흐르다가 동쪽으로 흐름의 방향을 바꿔 금천(禁川)이 되어 영제교로 향한다. 영제교를 지난 물길은 다시 남으로 방향을 바꿔 수구를 통해 궁 밖으로 빠져나온 후 삼청동천과 합류하여 청계천으로 흘러간다.

칠궁(七宮)

역대 왕이나 추존된 왕의 생모인 일곱 후궁(종묘에 들어가지 못한 왕의 모친)의 신위를 모신 곳

육상궁	숙빈 최씨. 7살 때 무수리로 입궁. 숙종의 승은으로 영조를 낳아 빈 등극. 1718년 사망. 1724년 영조가 왕위에 오른 후 육상궁.
저경궁	인빈 김씨. 몰락해 가는 양반가의 딸. 선조의 승은을 입고 원종(추존)을 낳아 빈 등극.
대빈궁	희빈 장씨. 상인 집안의 딸. 중전 인현왕후를 내쫓고 아들 경종이 세자에 오르자 빈 등극. 사형. 크고 높은 후궁의 사당.
연우궁	정빈 이씨. 양자인 정조의 즉위 후 추존된 진종(사도세자의 형)의 모친
선희궁	영빈 이씨. 장조(사도세자)의 모친.
경우궁	수빈 박씨. 7명의 후궁 중 유일한 사대부(좌찬성 박준호) 집안의 딸. 정식으로 삼간택을 거쳐 빈 등극. 순조의 생모.
덕안궁	엄 귀빈. 영친왕의 생모.

창경궁옥류천은 응봉산의 물줄기가 창덕궁의 존덕정을 지나 창경궁의 북쪽 춘당지를 거쳐 옥천교로 흘러 남쪽으로 흐른 물길이다. 궁 밖으로 나온 물길은 남동쪽으로 흐르다가 운종가 북쪽으로 이어진 물길을 흘러온 회동천(제생동천, 금위영천, 북영천 등 지류 포함)을 받아들인 후 청계천으로 흘렀다.

창덕궁 후원 존덕정 옆 관람지(觀纜池)에서 시작된 물길이 창경궁 춘당지를 거쳐 금천으로 옥천교를 지난 뒤 선인문 남쪽 수구를 통해 궁 밖으로 빠져나온다. 남으로 흐르던 물길은 보령제약 본사 빌딩 남쪽을 끼고 다시 남동쪽으로 흐르다가 광장시장을 가로지른 뒤 청계천으로 흘러든다.

존덕정·관람지 인근이 옥류천 발원지

옥류천의 발원을 창덕궁 후원의 옥류천으로 잘못 생각하기 쉽다.

그러나 실제로 창덕궁 후원을 걸어보면 인조의 친필이 새겨진 '옥류천(玉流川)' 물길과 창경궁을 흐르는 옥류천의 물길 영역이 완전히 다름을 확인할 수 있다.

창경궁의 금천으로 흐르는 옥류천의 발원은 창덕궁 후원 존덕정 옆의 관람지이며, 물길은 창경궁의 춘당지를 거쳐 옥천교를 향해 흐른다. 옥류천의 발원지라 할 수 있는 관람지 주변은 창덕궁 후원 영역 가운데 가장 늦게 조성된 곳이다. 동궐도(1828~1830)에는 겹지붕 건물인 존덕정(尊德亭)과 연못이 있고, 남쪽으로 네모진 연못 두 개와 그 아래 둥근 소나무 섬을 품은 원형 연못이 보인다. 세 개의 연못은 1900년 이후 하나로 합쳐져 지금의 모습이 되었고, 지금은 관람지라 부른다. 동궐도에서 보이지 않던 관람정에 대한 기록은 1907년 이후에나 확인된다.

관람지 주변에는 1644년(인조 22)에 세워져 가장 오래된 건물인

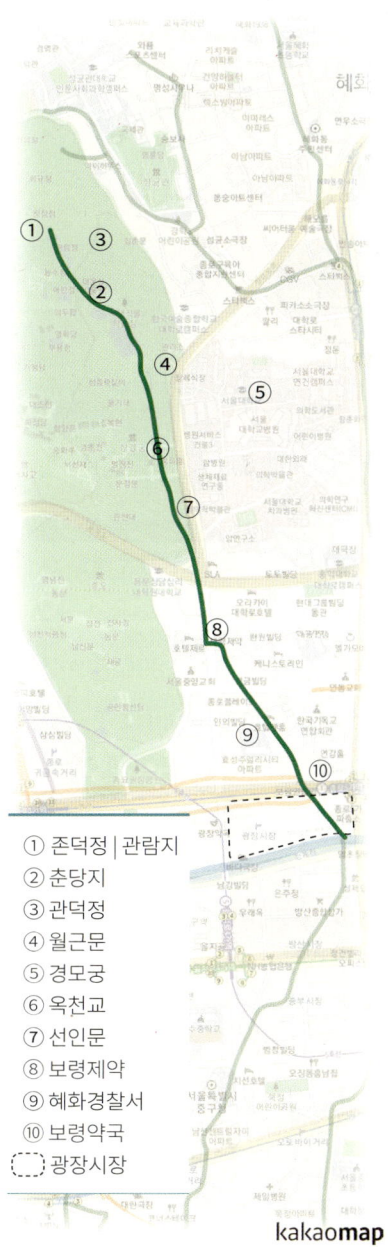

① 존덕정 | 관람지
② 춘당지
③ 관덕정
④ 월근문
⑤ 경모궁
⑥ 옥천교
⑦ 선인문
⑧ 보령제약
⑨ 혜화경찰서
⑩ 보령약국
   광장시장

창경궁 옥류천 상류인 창덕궁 물길

 존덕정을 비롯해 1800년 이전에 세워졌다는 폄우사(砭愚榭), 그리고 관람정과 승재정(勝在亭)이 있다.
 관람지에서 시작된 물길은 창경궁 춘당지(春塘池)로 흘러든다. 춘당지는 크게 두 부분으로 나뉘어 있다. 북쪽의 작은 연못은 원래 춘당지로 백련지 또는 백련담으로 불린 반면, 아래쪽 큰 연못은 원래 왕이 궁궐 안에서 농사를 짓는 의식을 치르던 내농포(內農圃)였다. 1909년 일제가 이곳에 연못을 만든 것을, 1986년 창경궁을 정비할 때 전통양식에 가깝게 재조성한 것이다.
 춘당지 북쪽 대온실 오른쪽 숲속에 있는 정자는 관덕정(觀德亭)이다. 원래는 누에를 치던 곳이었지만, 1642년(인조20)에 활을 쏘는 사정(射亭)을 짓고 취미정(翠微亭)이라 하였고, 1664년(현종5)에 관덕정으로 이름을 바꾸었다.

춘당지

 창경궁의 정문인 홍화문 북쪽에 있는 월근문(月覲門)은 1779년(정조3)에 세워진 문으로, 정조의 효심이 서린 곳이다. 정조는 월근문을 통해 함춘원(含春苑)에 세운 아버지 사도세자의 사당인 경모궁(景慕宮)을 오가며 참배했다.
 춘당지에서 이어진 물길은 금천(禁川)으로 창경궁 정문인 홍화문(弘化門) 안쪽 옥천교(玉川橋) 밑을 지난다. 1484년(성종15)에 만들어진 옥천교는 '구슬과 같은 맑은 물이 흐른다.' 하여 붙은 이름이다. 한양의 궁궐을 흐르는 금천 가운데 창경궁의 옥류천만 자연하천이고, 나머지 금천은 인위적으로 물길을 돌려서 만들었다.

광장시장이 된 이현시장
옥천교를 지난 물길은 선인문 남쪽 수구를 통해 궁 밖으로 나와 원

옥천교

창경궁 밖으로 이어지는 옥류천 물길　　보령제약 옆으로 흘러가는 물길

남동사거리를 건너 보령제약 본사빌딩을 끼고 돌아 남동 방향으로 흘렀다. 홍화문 남쪽의 선인문(宣仁門)은 주로 관원들이 출입하였는데, 그 안쪽은 사도세자의 죽음과 관련된 슬픈 현장이기도 하다.

1957년 종로5가에 문을 연 보령약국이 보령제약의 시발점이다. 1963년 보령약품을 창립하고, 1966년 보령제약으로 상호를 변경했다. 물길이 지나는 서쪽에 동대문경찰서가 있었는데, 2006년 혜화경찰서로 이름이 바뀌었다.

종로5가 보령약국 못미처 서쪽에서 흘러온 물길이자, 옥류동천의 지류인 회동천(제생동천, 금위영천, 북영천은 회동천의 지류)을 받아들인다. 종로를 건넌 물길은 광장시장을 남으로 가로질러 청계천으로 흘러든다.

광장시장이 들어선 일대는 조선시대 배오개(이현, 梨峴) 시장이 형성되었던 곳이다. 1905년 6월 일제가 화폐정리사업을 통해 조선상인의 기반을 흔들자 이현시장 상인들은 그해 7월 광장주식회사를 설립했다. 다른 시장과는 달리 광장주식회사의 동대문시장은 조선인 중심의 시장을 지켜냈다. 1905년 한성부 시장 개설 당시 동대문시장으로 명칭을 정했으나, 1960년대 이후 '광장시장'으로 불렀다.

09 안국동천

옥류천의 제1지류 가운데 하나인 안국동천(安國洞川)은 홍현(紅峴)의 동서쪽으로 흐른 물길이 대사동(大寺洞)에서 하나로 합쳐져 남동쪽으로 흐른다. 원래의 물길은 운종가를 지나 수표교 서쪽에서 청계천으로 바로 흘러들었으나, 하천이 자주 범람하자 1421년(세종3) 운종가 남쪽에 새로운 물길을 만들어 정비하였다. 이후 물길은 운종가의 남쪽 시전행랑 뒤편 물길을 따라 동쪽으로 방향을 바꿔 이현시장에서 옥류천과 만난 후 청계천으로 흘러들었다.

안국동천은 홍현(紅峴)을 중심으로 정독도서관 서편에서 시작된 대안국동천과, 조선어학회터 부근에서 시작된 소안국동천이 각각 흐르다가 인사동길에서 하나의 물길이 되어 남동쪽으로 흘렀다. 대안국동천은 감고당과 안동별궁 서쪽으로 흘러 안국동사거리를 남으로 가로질러 인사동으로 흘렀다. 소안국동천은 감고당과 안동별궁 동쪽으로 흘러 종로경찰서 서쪽으로 흐르다가 대안국동천을 만나 물길을 합친다.

성삼문 집터에서 정독도서관까지

하나 된 물길인 안국동천은 남동쪽으로 비스듬히 흐르다가 탑골공원 남서쪽을 스쳐 지난 뒤 운종가(종로) 남쪽에서 새로 만들어진 물길을 따라 동쪽으로 흘러 광장시장에서 창경궁옥류천을 만나 청계천으로 흘러든다. 새로운 물길은 운종가 남쪽 시전행랑의 피마길 뒤편에 만들어졌다. 종로의 도로 폭을 확장할 때 시전행랑까지 사라져, 지금의 종로통 남쪽 뒷골목 좁은 먹자골목이 바로 물길의 흔적이다.

대안국동천이 시작된 곳에 자리한 정독도서관은 사육신 가운데 한 사람인 성삼문의 집터였고, 조선 후기에는 총포를 만들던 화기도감(火器都監)이 자리했고, 갑신정변을 일으킨 김옥균의 집터

① 정독도서관
② 감고당터 | 덕성여고
③ 옛 천도교중앙총부터 | 덕성여중
④ 안동별궁터 | 풍문여고
⑤ 조선어학회터
⑥ 안동교회
⑦ 윤보선가
⑧ 양화직공조합작업부터
⑨ 계명구락부
⑩ 승동교회
⑪ 조선극장터
⑫ 천향원터
⑬ 파고다공원
⑭ 경성도서관

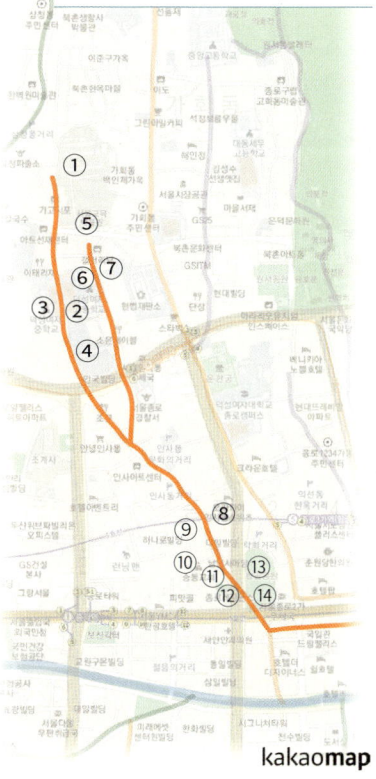

안국동천 **99**

성삼문집터　　화기도감터　　경기고터　　동아일보창간사옥터

이기도 하다. 이곳에 1900년 10월 3일, 관립한성중학교가 설립되었고, 1906년 한성고등학교, 1911년 경성고등보통학교, 1921년 경성제일고등보통학교, 1922년 경성제일공립고등보통학교, 1938년 경기공립중학교 등 여러 차례 이름을 바꾸게 된다.

　광복 후 1946년 6년제 경기중학교로 개편되고, 1951년 3년제 경기고등학교와 경기중학교로 분리되었다가, 1971년 경기중학교는 폐교되었다. 경기고등학교는 정부의 강남 개발 정책으로 1976년 강남구 삼성동 지금의 위치로 이전하였다. 1977년 1월 경기고등학교의 본관과 별관 등 주요 건물을 그대로 활용하여 정독도서관이 문을 열었다. 한때는 종친부의 경근당과 옥첩당 건물이 정독도서관 내에 옮겨져 있었다.

여흥민씨 세거지 감고당
덕성여고는 감고당(感古堂)이 자리 잡았던 곳이다. 감고당은 인현왕후(仁顯王后)가 1687년(숙종13) 친정을 위해 지어준 집으로, 희빈장씨(禧嬪張氏)의 간계로 인해 폐서인(廢庶人)이 되었을 때 이 집에 머물다가 복위되었다. 이후 대대로 여흥민씨가 살았는데, 경기도 여주에 살던 민자영이 아버지가 세상을 떠난 후 어머니와 함께 이곳으로

감고당(왼쪽)과 안동별궁 사이 골목길

대안국동천 물길

이사했다. 1866년(고종3) 왕비로 책봉된 민자영은 예전 인현왕후의 일을 떠올려 이 집을 '감고당(感古堂)'이라 이름 붙였다.

덕성여고 본관 서쪽에 있던 감고당은 1966년 도봉구 쌍문동으로 옮겨졌고, 2006년 명성황후 생가 성역화 사업으로 인해 경기도 여주시 명성황후 생가 옆에 이전 복원되었다.

덕성여고는 1920년 차미리사가 설립한 근화(槿花)여학교를 전신으로 한다. 1935년 근화여자실업학교로 바꾸었는데, 1938년 '근화'가 조선의 국화를 뜻하는 불온한 이름이라는 일제의 강압으로 학교명을 덕성여자실업학교로 변경했다. 광복 후 1945년 10월 10일 재개교하여, 오늘에 이른다.

덕성여고 서쪽에 자리한 덕성여중은 3.1만세운동 당시 천도교중앙총부가 자리했던 곳이다. 이후 천도교중앙총부는 천도교중앙대교당과 함께 신축되었으나, 1967년 도로확장으로 인해 붉은 벽돌 건물을 우이동으로 옮기고 그 자리에 수운회관이 들어섰다.

안동별궁이 된 동별궁

풍문여고가 있었던 안동별궁(安洞別宮) 자리는 세종의 막내아들 영응대군이 살던 곳으로, '동별궁(東別宮)'이라 불렀다. 세종이 막내아들 집에서 세상을 떠났기에 문종은 동별궁에서 왕위에 올랐고, 이후 월산대군과 정명공주, 연령군이 이곳에서 살았으며, 철종 때는 전계대원군의 사당이 있었다.

　1880년(고종17) 이곳에 왕실 직속 별궁을 짓고, 안동별궁이라 불렀다. 1882년 왕세자 이척(순종)과 세자빈 민씨(순명효황후)의 가례도 안동별궁에서 올렸다. 1910년 이후 안동별궁은 이왕직 소유였으나, 1936년 민대식과 최창학에게 팔렸다.

안동별궁터

민영휘(閔泳徽)의 손자 민덕기는 안동별궁 자리에 1944년 재단법인 풍문학원을 설립하고, 1945년 3월 풍문여학교의 문을 열었다. 민덕기는 신사참배 거부로 폐교된 정신여학교를 인수하고, 증조모인 안유풍(安遺豊)의 이름자를 따서 학교 이름을 풍문(豊文)이라 하였다. 광복 후 1950년 풍문여자고등학교가 되었다. 친일반민족행위자 민영휘와 그의 부인 안유풍은 자신들의 이름자가 들어간 학교를 남겼다.

조선어학회터, 그리고 양반들의 안동교회

소안국동천은 조선어학회터 표지석 인근에서 시작된다. 조선어학회는 1908년 8월 31일 서울 봉원사에서 '말과 글은 홀로 서는 나라 됨의 특별한 빛'이라며 '그 빛을 밝히자'는 주시경을 중심으로 창립한 국어연구학회가 그 시초다. 1921년 12월 주시경의 제자들이 중심이 되어 조직한 한글운동단체 조선어연구회는 1931년 1월 총회 결의에 따라 조선어학회로 개칭되었다.

    조선어학회 사무실은 수표교 남동쪽 조선교육협회회관에 있었는데, 1935년 7월 정세권이 화동의 2층 양옥을 회관으로 제공해 옮겼다. 지금의 한글회관은 시민모금을 통해 1977년에 마련한 것이다.

    조선어학회는 1926년 '가갸날'(음력 9월 29일)을 정하고 기념식을 가졌고, 1929년 조선어사전편찬회를 조직하고 <큰사전> 편찬 작업

조선어학회터 인근 소안국동천 상류

을 시작했다. 1936년 조선어사전편찬회는 조선어학회로 통합되었다. 그러나 1942년 10월부터 일제가 조선어학회 회원 및 관련 인물을 검거·재판에 회부한 조선어학회 사건으로 <큰사전> 편찬 작업은 중단되었다. 일제는 1943년 4월 1일까지 사전 편찬이나 재정지원 등에 협력한 33명을 검거해, 치안유지법의 내란죄를 적용했다.

안동교회(安洞敎會)는 양반과 천민이라는 신분상의 갈등으로 인해 1909년 양반 출신 교인들이 중심이 되어 승동교회로부터 분리 설립한 교회이다.

안동교회 바로 앞에 자리한 윤보선가(안국동공덕귀가, 安國洞尹

안동교회

기형건물 명문당

윤보선가

潘善家)는 개항기 철종의 부마인 박영효의 집으로, 19세기 말경에 건립되었다. 고종은 일본 망명에서 돌아온 박영효에게 이 집을 하사했는데, 주인이 바뀌었다가 1910년 경 윤치소가 사들였고, 아들 윤보선 전 대통령이 거주했다.

윤보선가 앞에 자리 잡은 도서출판 명문당 건물은 이상하게 생겼다. 국석 없는 비정상적인 건축물은 군사정권이 야당 정치인인 윤보선 전 대통령과 그의 집을 드나드는 인물을 감시하기 위해 무계획적으로 높이 올린 결과라고 한다.

신분제 철폐에 앞장선 승동교회

소안국동천은 남으로 흘러 종로경찰서 서쪽을 지나 인사동에서 대안국동천을 만난 후 안국동천으로 흐른다. 인사동사거리에는 1961년 MBC라디오방송국이 처음 개국한 장소가 있고, 대일빌딩 북쪽은 1922년 12월 양화직공조합작업부가 있었다. 양화직공조합작업부는

종로경찰서 옆 소안국동천 물길

양화점 주인들의 공임인하 담합에 반발하여 일어난 양화직공들의 동맹파업 이후 복직하지 못한 이들의 생계를 위해 마련된 곳이다.

건너편 건물 2층에는 1918년 보성전문 교장 박승빈 등 지식인 33인이 발기한 계명구락부가 있었다. 계명구락부는 기관지 <계명>과 고서(古書) 간행을 통해 민족문화의 진흥을 꾀하는 한편, 신생활운동을 펼치는 등 지식인들의 사랑방 역할을 했다.

계명구락부 1층에는 1930년대 여배우 복혜숙이 운영한 비너스 바(Bar Venus)가 있었다. 비너스는 당시 문인·예술인들의 아지트로 유명했다.

승동교회는 1893년 곤당골(롯데호텔 근처)에서 사무엘 무어 선교사가 첫 예배를 드린 것이 그 시작이다. 이후 1901년 구리개로 옮겨갔다가, 1905년 8월 종로 한복판 '절골(寺洞)'로 옮겨와 한옥을 예배

승동교회

당으로 개조하였다. 한옥 예배당 옆에 1913년 2월 지하 1층, 지상 2층 규모의 현대식 예배당이 들어섰다. 이 예배당은 이후 2차례에 걸쳐 증축되었고, 교회의 외벽에서 그 흔적을 확인할 수 있다.

'절골'이란 인근에 원각사가 있었기 때문에 붙여진 지명인데, 승려가 많아 '승동'이라고도 불렸지만 한자로는 '僧洞' 대신 '承洞'이라 썼다. 그러나 승동교회 교인들은 길선주 목사의 충고에 따라 '勝'를 써서 '勝洞敎會'로 표기하였다.

승동교회의 사무엘 무어는 신분제 철폐에 앞장섰다. 당시 백정 신분의 박성춘은 아들 봉출만은 가르쳐야겠다는 생각에 무료로 공부를 가르쳐준다는 곤당골 예수교학당에 보냈다. 콜레라에 걸린 박성춘이 사경을 헤맨다는 얘기를 들은 무어 목사는 제중원 원장 에비슨과 함께 왕진하여 박성춘을 치료했다. 이에 감동한 박성춘은 가족과 함께 기독교로 개종한다.

백정 박성춘과 아이들이 승동교회를 다니기 시작하자, 승동교회를 다니던 양반 출신들이 반발하기 시작했다. 이렇게 시작된 양반과 천민의 갈등으로 승동교회는 분열과 결합을 거듭하였다.

1895년 양반들은 길 건너 홍문석골(紅門洞, 지금의 삼각동)에 예배당을 마련하여, 교회가 분리되었다. 이후 1898년 박성춘이 독립협회가 개최한 만민공동회에서 백성 대표로 연설을 하는 등 활발히 활동하자, 홍문석골 교인들의 제안으로 두 교회가 다시 합쳐졌다. 그러나 천민 출신 장로가 선출되자 양반 출신 교인들은 또다시 분리하여 예배를 보기 시작했고, 1909년 북촌에 승동교회에서 분리된 양반교회인 안동교회가 들어섰다.

승동교회는 3.1만세운동의 중심이기도 했다. 1919년 2월 20일 연희전문학교 김원벽을 중심으로 경성의 전문학교 대표자 20여 명이 모여, 제1회 학생지도자회의를 열었다. 거사 직전에는 각 학교 대표들에게 독립선언서를 전달한 장소이기도 하다. 또 차상진 목사는 총독에게 일제의 3.1운동 탄압에 항의하는 '12인의 장서(청원서)'를 제출하여 투옥되기도 했다.

한편 1922년에는 이곳에서 대한여자기독교청년회(YWCA)가 창립되어, 여성들의 사회활동을 하는 계기를 만들기도 했다.

조선극장과 천향원, 탑골공원

승동교회 남쪽에 있던 조선극장은 1922년 11월 개관한 연극·영화 겸용극장으로 3층 벽돌건물이었다. 극단 토월회는 1923년 창립공연을 조선극장에서 가졌으며, 그해 9월 조선극장에서 막을 올린 톨스토이의 <부활>은 큰 성공을 거두었다. 신극운동을 일으킨 토월회는 우리나라 대표 극단이라 평가받았다.

조선극장은 토월회에서 극예술연구회(1932)로 이어지는 우리나

사라져가는 피마길

탑골공원

라 신극운동의 산실이었다. 그러나 1935년 최고의 시설을 갖춘 연극 상설극장인 동양극장이 문을 열자, 조선극장은 영화 상설극장으로 전환하였다.

조선극장과 맞붙은 남쪽에는 1920년대에 문을 연 요리점 천향원이 있던 곳이다. 천향원은 당시 서울에서 손꼽히던 요리점이다. 천향원이 있던 자리에는 한때 서울시 새마을회관이 있었다.

탑골공원은 원래 사찰이 있던 자리다. 고려시대 흥복사라는 절이 있던 자리에 세조가 원각사를 건립했다. 이후 연산군이 원각사를 없애고, 중종 때 건물이 철거되어 한동안은 빈터로 남았다.

1897년(광무1) 고종은 원각사 터에 한양 최초의 근대공원인 파고다공원을 건립한다. 파고다공원은 환구단과 독립문, 기념비전 그리고 전차·전기 등과 함께 고종이 근대국가로 발돋움하는 것을 보여주기 위한 랜드마크 가운데 하나였다. 파고다공원은 3.1만세항쟁 때 참가자들이 운집한 민족운동의 발상지가 되었다.

1921년 탑골공원 정문 옆 옛 한국군악대 건물에 임시 신문잡지열람소가 문을 열었다. 신문잡지열람소는 윤익선이 1920년 세운 최초의 사립공공도서관인 취운정과 통합하여, 경성도서관으로 운영되었다. 이용객의 증가로 1923년 7월 새로이 석조건물을 완공하였으나, 경영난으로 1926년 경성부에 양도하여 경성부립도서관 종로분관으로 운영되었다. 광복 후 1945년 서울시립종로도서관이 되었으나, 1967년 탑골공원이 재단장할 때 종로도서관은 사직동으로 이전하였다.

탑골공원 앞에서 운종가를 가로지른 물길은 운종가 남쪽 시전행랑 뒤편에 새로이 만든 물길을 따라 동으로 흘러 광장시장에서 창경궁옥류천을 만난 뒤 청계천으로 흘러들었다.

10 회동천

회동천은 북촌의 회동(灰洞, 재동齋洞, 잿골)에서 시작된 물길이 안국역 부근에서 제생동을 흘러온 물길을 받아들인다. 하나 된 물길은 남으로 흐르다가 운종가 북쪽 시전행랑 뒤편에 조성된 물길을 따라 동으로 흐르며 금위영천과 북영천을 품은 뒤 창경궁옥류천을 만나 청계천으로 흘렀다.

회동천은 삼청동의 통일부남북회담본부 인근에서 발원한 물길이 감사원 동쪽 가회동 방향으로 북촌로를 따라 흘렀다.
 안국역까지 흘러온 물길은 동쪽 계동길을 흘러온 지류인 제생동천을 만난 후 낙원상가 동쪽으로 흘러 시전행랑 뒤편에서 새롭게 만든 물길을 따라 동쪽으로 흐른다. 또 다른 지류인 금위영천과 북영천을 받아들인 회동천은 종묘의 금천으로 흐른 뒤 물길의 본류인 창경궁옥류천을 만난다.

피비린내 진동한 회동, 도서관이 된 취운정

물길 명칭 회동천(灰洞川)은 잿골이라는 마을 이름에서 유래되었다. 1453년(단종1) 수양대군이 단종을 보필하던 황보인 등 여러 대신을 참살하는 계유정난을 일으켰다. 이때 피가 내를 이루고 비린내가 진동하여 마을 사람들이 집에 있던 재(灰)를 뿌렸고, 이에 온 마을이 재로 가득 덮였다 하여 잿골이라 불렀다고 전해진다.

재를 덮은 마을이라 '잿골' 또는 '회동((灰洞)'이라 부르던 것을, 잿골을 한자 지명으로 바꾸면서

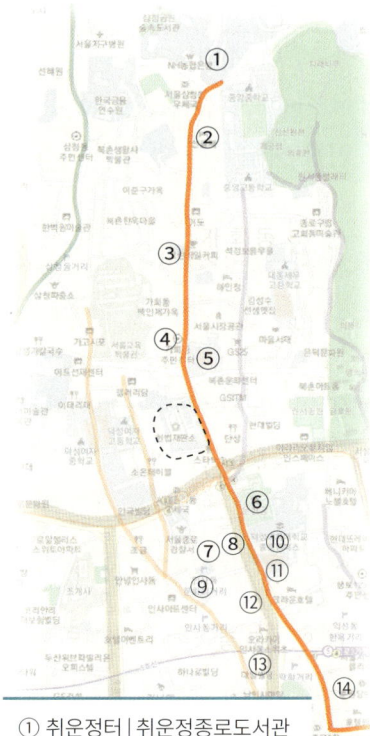

① 취운정터 | 취운정종로도서관
② 현상윤집터
③ 가회동성당
④ 손병희선생집터
⑤ 재동초등학교
⑥ 운현궁
⑦ 천도교중앙대교당
⑧ 독립선언문배부터
⑨ 박영효집터
⑩ 교동초등학교
⑪ 지석영집터 표지석
⑫ 서북학회터
⑬ 낙원상가
⑭ 한양의원터
⟨ ⟩ 헌법재판소 영역

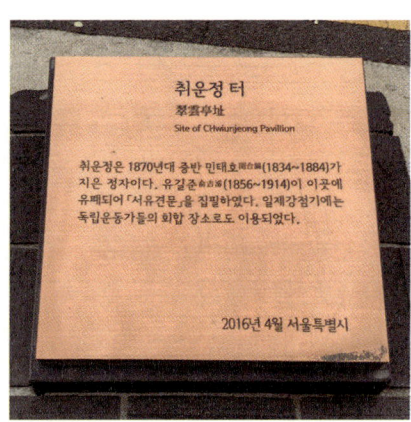

취운정터

재동(齋洞)이라 표기했는데, 물길 이름만은 회동천으로 남았다.

회동천(灰洞川) 발원지 부근에는 1870년대 중반 민태호(1834~1884)가 지은 정자인 취운정이 있었다. 일대의 아름다운 자연풍광으로 인해 사람들의 발걸음이 끊이지 않았다.

고종 때 갑신정변을 일으킨 주역 가운데 이 부근에 살았던 김옥균과 홍영식, 서광범 등이 취운정을 찾아 국내외 정세를 논의하며, 갑신정변을 준비하였다. 한편, 1909년 나인영(후에 나철로 개명)을 비롯해 이기, 김윤식, 유근 등이 취운정에서 단군교를 창시했다.

1919년 3.1만세운동 때 지하신문 <조선독립신문> 1만 부를 발행·배포한 혐의로 일제에 의해 징역형을 받은 윤익선은 1920년 9월 출소한 후 취운정경성도서관을 개관했다. 윤익선이 간도로 활동 무대를 옮기면서 취운정경성도서관은 이범승의 경성도서관으로 흡수·통

회동천 상류

합되어 운영되었다.

취운정이 있던 곳에 지금은 감사원(監査院)이 들어섰다. 조선시대에 사헌부, 사간원에서 감사 활동을 하였다면, 대한민국에서는 심계원(審計院)과 감찰위원회 설치로 초기 감사제도의 틀을 갖추었다. 이후 1963년 두 기관을 통합한 감사원이 출범하였다.

손병희와 변절한 민족대표 현상윤 집터

비탈길에서 만나는 현상윤집터 표지석은 3.1만세운동 당시 민족대표의 한 명이었던 현상윤(1893~1950)이 한국전쟁 당시 납북될 때까지 살았던 곳이다. 현상윤은 일본 유학에서 돌아와 1919년 3.1만세운동 당시 중앙고보 교사로 재직 중 체포되었으나, 1920년 10월 무죄판결을 받았다. 1921년 4월 중앙고보 교장, 1922년 11월 조선민립대학기성준비회 결성에 참여했다. 그러나 1937년 중일전쟁 발발 이후 각종 친일단체 활동을 비롯해 강연과 기고 등의 친일행위로 인해 친일반민족행위자 명단에 이름을 올렸다.

가회동성당은 1949년 한옥에서 첫 미사 이후 성당 설립인가를 받았으며, 1953년 3층짜리 성당이 들어섰다. 2013년 성당 건축양식과 한옥이 조화를 이룬 지금의 가회동성당이 재건축 준공되었다. 성당의 전면 한옥은 마을 경관과 자연스럽게 이어져 친근감을 주며, 누구에게나 개방되고 있다.

성당 남쪽에는 가회동31번지로 가는 길잡이 역할을 한 '돈미약국'이 있었다. 2019년 중반까지 북촌

현상윤집터

손병희선생집터

의 터줏대감 역할을 하던 돈미(敦味)약국은 역사 속으로 사라졌다.

손병희선생집터는 3.1만세운동 준비의 실질적 총책임자 최린이 천도교의 3대 교주인 손병희를 수시로 찾아서 상의하고 보고하는 등 3.1만세운동 준비 총본부로서 역할을 한 곳이다. 거사 전날인 2월 28일, 민족대표 33인 가운데 23인이 상견례를 겸해 최종 회합한 장소이기도 하다.

이 자리에서 공개된 장소에서의 독립선언식이 가져올 만일의 사

가회동성당   회동천 물길

태를 우려하는 의견이 제기되었다. 그 결과 당초 예정했던 탑골공원에서 인사동의 요리점 태화관으로 거사장소가 바뀌었다.

재동초등학교는 1895년 8월 30일 계동에서 관립계동소학교로 개교했으나, 9월 재동으로 교사를 이전하고 관립재동소학교로 개칭했다. 광복 후 1946년 서울재동국민학교가 되었으며, 1996년 서울재동초등학교로 바뀌었다.

박규수 집터에서 헌법재판소까지

안국역 가는 길에 마주치는 헌법재판소는 시대에 따라 다른 이야기를 담고 있다. 박규수를 비롯해 외아문(外衙門, 1882), 홍영식, 광혜원(廣惠院, 1885), 최린, 이상재, 그리고 경기여고와 전국인민대표자대회 개최 등의 인물 또는 기관, 사건들이 이곳과 인연을 맺고 있다.

헌법재판소

실학자이자 개화론자인 박규수(1807~1877)는 헌법재판소 서북쪽에 살았고, 그의 집은 개화파의 산실 역할을 했다. 박규수는 스무 살 무렵까지 계동에 있던 할아버지 연암 박지원(1737~1805)의 옛집에 살았다는 기록이 있으나, 말년은 이곳 재동에서 보냈다. 그는 자신의 사랑방을 출입하는 젊은 인재들에게 '연암집'을 강의하거나, 새로운 사상을 전하였다.

박규수의 집 남쪽에는 1882년(고종19) 통리기무아문을 폐하고 설치한 외아문(外衙門)이 자리했다. 외교통상 업무를 담당하던 외아문은 1894년(고종31) 외무아문(外務衙門)으로 바뀌었다.

1910년 8월, 외아문 일대에 경기여고의 전신인 한성고등여학교가 옮겨왔다. 1908년 4월 지금의 도렴동에서 문을 연 한성고등여학교는 최초의 관립여자중등학교이다. 1938년 경기고등여학교로 이름이 바뀌었고, 광복 후 1945년 10월 정동의 일본인 여학교인 경성제일공립여자고등학교 자리로 이사했다. 경기여고는 1988년 개포동으로 이전했다.

광복 직후인 1945년 9월 6일 재동 경기여고 강당에서는 여운형을

재동 백송

박규수집터

제중원터

중심으로 한 조선건국준비위원회(이하 건준)가 개최한 전국인민대표자대회가 열려 역사의 현장이 되었다. 건준은 그날 저녁 전국인민대표자대회 이름으로 조선인민공화국 건국을 선포했다.

1949년 창덕여고가 이전해 자리를 잡았다. 창덕여고는 1941년 신당동에서 경성 제3공립고등여학교로 개교했으며, 1949년 이곳으로 이전하며 '창덕'이라는 이름을 갖게 되었다. 1989년 창덕여고가 방이동으로 이전하고, 1993년 6월 헌법재판소가 들어섰다.

갑신정변의 주역 가운데 하나인 홍영식(1855~1894)은 박규수 옆집에서 살았다. 갑신정변 때 사망한 홍영식의 집은 1885년(고종22) 2월 29일 우리나라 최초의 서양식 병원인 광혜원이 되었고, 3월 12일 제중원이라는 이름으로 바뀌었다. 제중원은 1886년 가을, 구리개로 확장, 이전(외환은행 본점 동쪽)하였다.

헌법재판소 동북쪽에는 1919년 3.1만세운동 당시까지 최린이 살던 집이 있었다. 이 집터는 1922년 말부터는 신간회 초대회장을 지낸 이상재가 세 들어 살다가, 1927년 3월 숨을 거둔 곳이기도 하다.

흥선대원군의 운현궁

회동천이 흘러내리다가 제생동천을 만나는 남쪽에는 흥선대원군의 운현궁이 자리하고 있다.

운현궁은 고종이 즉위하기 전 12살까지 이명복으로 살던 잠저(潛邸)로, 인근에 천문을 연구하던 관상감(觀象監, 초기 서운관書雲觀)이 있던 고개가 운현(雲峴)이어서 이름 붙었다.

대원군의 사저는 1863년 고종이 왕위에 오르고 흥선군을 흥선대원군으로, 부인 민씨를 부대부인으로 호칭(呼稱)하는 교지가 내려지면서부터 운현궁이라 불렸다. 원래 고종의 잠저는 운현궁 동북쪽 작은 집이었으나, 고종이 왕위에 오른 후 흥선대원군이 크게 확장했다. 흥선대원군이 어린 고종을 대신하여 섭정하던 시기, 운현궁은 실질적 권력이 집행되는 곳이었다.

　일제강점기 일제는 대한제국 황실 재산을 이왕직에서 관리하게 하였으나, 운현궁의 유지·관리는 이로당의 안주인들이 계속 맡았다. 광복 후 대원군의 후손과 대한민국 정부 사이의 법적 공방 결과, 1948년 9월 대원군의 5대 손(孫)이 운현궁 소유권을 갖게 되었다.

　운현궁은 지금의 덕성여자대학교부설평생교육원과 운현초등학교, 일본문화원과 인근의 주차장까지 넓은 지역이었다.

　그러나 일제강점기와 광복 후 관리 미흡으로 규모가 크게 줄었고, 더 이상 관리가 어려워지자 서울시에서 매입·정비하여 1996년 현재의 모습을 갖췄다.

운현궁

운현궁옛터인 안국역4번출구 주차장에서 보는 양관

천도교중앙대교당과 이종일 집터

붉은 벽돌 건물인 천도교중앙대교당은 1918년 터 닦기를 시작하여 3.1운동 이후인 1921년에 완공된 일제강점기 항일운동의 거점이자 천도교 총본산이다.

천도교 제3대 교주 손병희는 처음 건평 400평 규모의 대교당을 계획했으나, 조선총독부는 교당이 지나치게 거창하고 중앙에 기둥이 없어 위험하다는 이유로 규모를 대폭 줄여 허가했다.

　대교당 앞쪽에 있는 독립선언문 배부터 표지석은 3.1만세운동 당시 보성사 사장이던 이종일의 집이 있던 곳이다. 이종일은 보성사에서 인쇄한 독립선언서를 이곳으로 운반해 전국 각지로 배포했다.

　세계어린이운동발상지 기념비는 손병희의 사위인 방정환이 '어린이'라는 말을 만들고, 1923년 5월 1일을 세계 최초로 어린이날로 지정하고 선포한 날을 기념하여 세웠다. 어린이라는 낱말은 1920년 방정환이 처음으로 사용했다.

독립선언문배부터

기미독립선언문

천도교중앙대교당

천도교중앙대교당 서남쪽 경인미술관은 철종의 부마였던 금릉위 박영효의 집터로, 갑신정변을 모의한 역사의 현장이기도 하다. 이곳에 있던 한옥은 남산골 한옥마을로 옮겨졌다.

박영효의 집은 일제강점기 민영휘의 아들 민대식의 소유가 되었다. 이 일대 3,200평이 넘는 대지가 민영휘와 그의 아들 민대식의 소유였다.

어린이날

1923년 방정환과 색동회	5월1일을 어린이날로 정함
1927년	5월 첫 일요일로 변경
1945년 광복 이후	5월 5일로 정해 행사
1961년 아동복지법	5월 5일로 지정
1973년	기념일로 지정
1975년	공휴일로 제정

교육운동에서 독립운동으로, 서북학회

운현궁 남쪽에 자리한 교동(校洞)초등학교는 1894년 9월 18일 왕실학교로 설립되었다. 황실학교는 1895년 7월 23일 한성사범학교와

부속소학교 규칙이 공포되면서 한성사범학교부속소학교로 개편된 최초의 초등교육의 요람이다.

교동초교 근처에는 종두법 보급에 힘쓴 지석영집터 표지석이 있다. 지석영(1855~1935)은 1899년 설치된 경성의학교 초대 교장, 1907년 대한의원의육부(大韓醫院醫育部) 학감에 취임하였으나, 1910년 강제병합 이후 모든 공직을 버렸다.

서북학회터

천도교중앙대교당 남쪽에는 서북학회터 표지석이 자리하고 있다. 서북학회(西北學會)는 1908년 서북관서해서(평안도, 함경도, 황해도) 출신으로 결성된 애국계몽단체다. 서북학회는 학회지 발행과 교사 양성 등 교육운동에 주력하다가 경술국치 후 강제 해산되었다.

낙원동에 지은 3층 회관은 서북학회 폐쇄 후 보성전문학교와 협성실업학교, 오성학교의 교사로 쓰였다. 광복 후 이곳은 건국대·단국대가 태동한 산실이 되었고, 국민대 설립기성회 임시사무실로 쓰였다. 회관 건물은 1985년 건국대 캠퍼스로 옮겨졌다.

서북회관 인근의 낙원상가(樂園商街)는 1969년 완공된 주상복합 건물이다. 낙원상가 1층은 자동차 도로로 설계되어, 서울 중심의 남북방향을 관통하는 주요 도로가 되었다.

낙원상가는 낙원상가·대일상가·낙원아파트를 아우르는 명칭이며, 악기전문상가로 발전하였다. 4층에는 허리우드극장이 있었고, 한때 2층에 악사 인력시장이 형성되기도 했다. 개봉관 허리우드극장은 1997년 복합상영관으로 재개관했지만, 2005년부터 변화를 거듭

1층을 도로로 설계한 낙원상가

하다가 2009년 허리우드클래식 실버영화관으로 바뀌었다.

한양의원과 사회주의 운동의 산실

송해길에는 박계양이 운영하던 한양의원터 표지석이 있다. 박계양(1882~1970)은 1907년 대한의원 교육부를 졸업하고, 일본 경도제대 의학부에서 3년간 수련한 후 1910년 한양의원(이비인후과)을 개원했다. 홍명희, 정인보, 최남선 등이 자주 드나들었던 한양의원은 지식인들의 사랑방 역할을 했다. 박계양은 1924년 조선인 개원의(開院醫)들이 중심이 된 한성의사회 회장을 지냈고, 광복 후 1947년 창립된 대한이비인후과학회 초대회장을 맡기도 했다.

한양의원 남쪽에는 화요회(火曜會) 사무실이 있었다. 화요회는 1923년 7월 7일 조직된 신사상연구회가 1924년 11월 19일 그 명칭을 바꾼 것이다. 명칭 변화와 함께 신사상 연구에서 행동 중심으로 단체의 성격도 전환했다. 화요회라는 명칭은 마르크스(Karl Heinrich Marx)의 생일이 화요일이라는 데서 유래되었다. 화요회는 1924년 2월 청년운동단체인 신흥청년동맹을 조직하고, 1925년 4월 17일 조선공산당 창립에 주도적으로 활동했다.

화요회 사무실 서쪽에는 1924년 결성된 신흥청년동맹(新興靑年同盟) 사무실이 있었다. <동아일보> 1924년 2월 13일자 기사에 따르면, 신흥청년동맹은 토요회와 무산자청년회의 청년들이 중심이 되어 1924년 2월 11일 결성한 사회주의 청년운동단체이다. 신흥청년동맹은 서울청년회와 조선청년회연합회가 주도한 조선청년총동맹의 창립에 참여하는 한편, 박헌영과 김단야 등을 중심으로 조선공산당의 청년전위조직인 고려공산청년회 결성을 주도했다.

송해길을 따라 흐른 물길은 운종가 북쪽에서 동으로 방향을 바꾸어 흐르다가 지류인 금위영천과 북영천을 흡수한다. 3개의 물줄기를 지천으로 받아들인 회동천은 종묘 금천교를 지나 창경궁에서 흘러온 물길을 만나면서 창경궁옥류천이 되어 청계천으로 흐른다.

11 제생동천

제생동천(濟生洞川)은 중앙고등학교에서 시작된 물길이 계동길을 따라 흐르다가, 안국역 부근에서 서남쪽으로 방향을 바꿔 재동을 흘러온 회동천으로 흘러든다. 회동천의 지류인 제생동천은 물길이 흐르는 곳에 의료기관 제생원(濟生院)이 있어 붙은 이름이다. 제생동은 계생동이라고도 불렸고, 후에 이를 줄여서 계동이 되었다.

제생동천이 발원한 중앙고등학교는 3.1만세운동의 근원지다. 1919년 1월 하순, 동경 유학생 송계백이 중앙고보 숙직실로 이 학교 교사인 현상윤을 찾아왔다. 송계백은 사각모 안에 숨겨온 비단에 쓴 '2.8독립선언서' 초안과 함께 동경유학생들의 거사계획을 알렸다. 현상윤은 이를 중앙고보 교장 송진우에게 알리고, 이어 보성고보 교장 최린을 통해 천도교 교주인 손병희에게도 전달했다.

3.1만세운동의 근원지가 된 중앙고보 숙직실

일본 유학생들의 소식을 접한 손병희는 민족자결 원칙에 입각한 독립운동을 전개하기로 했다. 먼저 대한제국 시기 중요인물들에게 민족대표로 함께할 것을 제안했으나, 박영효 윤용구 한규설 김윤식 등이 난색을 표했다. 이후 종교계가 중심이 된 독립운동을 추진했다.

범종교계와 학생들은 3월 1일을 거사일로 택했다. 애초에는 고종의 인산일인 3월 3일로 계획했으나 불경스럽다는 의견이 나왔고, 전날인 2일은 일요일임을 감안해 토요일인 3월 1일을 거사일로 결정했다.

송계백이 처음 현상윤을 만났던 중앙고보 숙직실은 본관 동남쪽 언덕에 있었다. 1937년 9월 새로운 본관과 함께 세워진 강당 자리가 원래의 중앙고보 숙직실 자리인데, 지금은 강당 북쪽에 3.1운동기념관으로 복원되었다.

중앙고등학교는 1908년 기호흥학회(畿湖興學會)가 설립한 사립 기호학교(畿湖學校)가 전신이다. 1910년 기호흥학회는 운영난을 겪는 호남학회(湖南學會)·교남학회(嶠南學會)·관동학회(關東學會) 등을 통합하면서 학회 이름을 중앙학회(中央學會)로 변경하였고, 학교 이름도 중앙학교로 바꾸었다. 이후 1915년 4월 김성수가 경영난에 처한 중앙학교를 인수하고, 1917년 계산(桂山) 언덕(계동)에 교사를 신축·이전하였다.

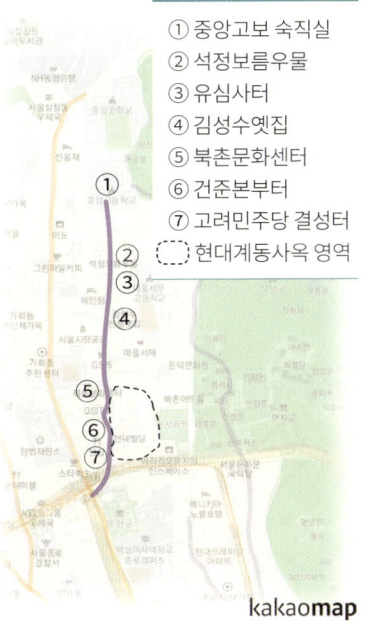

① 중앙고보 숙직실
② 석정보름우물
③ 유심사터
④ 김성수옛집
⑤ 북촌문화센터
⑥ 건준본부터
⑦ 고려민주당 결성터
⬚ 현대계동사옥 영역

중앙고보 숙직실

성수로 사용된 석정보름우물

중앙고교 남쪽 길가에서 만나는 '석정보름우물'은 우물이 15일 동안은 맑고, 15일 동안은 흐려진다 하여 붙은 이름이다. 이 물을 마시면 아들을 낳는다는 속설이 전해지면서, 인근 궁녀들도 몰래 떠다 마시며 아기 낳기를 기원했다는 얘기가 전해진다.

한편 우리나라 최초의 외국인 신부인 주문모 신부(1801년 새남터 순교)가 1795년 이 우물물을 성수로 사용하여 미사를 봉헌하고, 세례를 준 것으로 전해진다. 또한 1845년 한국인 최초의 신부인 김대건 신부도 이 물을 성수로 사용한 것으로 알려져 있다. 천주교 박해 당시 많은 순교자들이 발생하자, 석정보름우물의 물맛이 써져 한동안 식수로 사용되지 않았다는 이야기가 전한다.

만해 한용운의 항일과 인촌 김성수의 친일 행각

1960년대 후반에 문을 연 목욕탕인 중앙탕 자리에는 선글라스 브랜드 매장이 입점해 있다. 중앙탕 좁은 골목 안 작은 한옥 벽에는 '유심

유심사터

중앙탕

사 터'라는 표지판이 붙어 있다. 이곳은 만해 한용운 선생이 거주하면서 1918년 9월부터 불교대중화를 위한 월간지 <유심(惟心)>을 발행하던 곳이다.

　3.1만세운동 당시 불교계에서는 만해 한용운이 중심에 있었다. 1919년 2월 28일 밤, 만해는 평소 자신을 따르던 불교중앙학림 학생 대표들을 자신의 계동집(유심사)으로 모이게 하여, 독립선언서를 건네주며 시내 일원에 배포하도록 했다.

　학생 대표들은 자체적으로 학생 조직을 결성하고, 시내 포교당과 서울 근교의 사찰을 다니며 독립선언서를 배포하였다. 지방을 담당한 학생들은 서울 시내의 3.1만세운동에 참가한 후, 독립선언서를 가지고 각자 연고가 있는 지역의 사찰로 내려가서 지역의 만세운동에 앞장섰다. 불교중앙학림 학생들의 체계적인 활동은 3.1만세운동이 전국적으로 확산되는 계기가 되었고, 이로 인해 불교중앙학림은 일제에 의해 강제 폐교를 당하게 된다.

　1925년 개교한 대동세무고(옛 대동상고) 입구에는 인촌 김성수의 옛집이 자리하고 있다. 김성수의 집은 3.1만세운동을 앞둔 1919년 2월 최남선의 편지를 받고 상경한 이승훈이 송진우와 만난 곳이기도 하다. 3.1만세운동에 기독교계로 참여한 이승훈은 당시 평안북도 정주에서 오산학교를 운영하고 있었다.

　중앙고보 인수, 3.1만세운동 초기 계획에 참여, 경성방직(1919년 10월 설립인가)과 <동아일보>를 경영했던 김성수는 오랫동안 친일 논란에 휩싸인 인물이다. 2017년 4월 13일 대법원은 김성수의 '징병 찬양글 기고'와 '친일 행적'을 인정하는 판결을 내렸다. 대법원 1부(주심 김소영 대법관)는 김재호 동아일보 사장과 재단법인 인촌기념회가 행정자치부장관을 상대로 낸 친일반민족행위 결정처분 취소 청구소송 상고심에서 일제강점기 김성수의 친일행적 상당 부분을 친일행위로 인정한 원심의 판단에 위법이 없다며 상고를 기각함으로써 원심을 확정했다.

2018년 2월 13일 국무회의는 대법원 판결을 바탕으로, 1962년 김성수에게 서훈한 대한민국 건국훈장을 취소했다. 이에 앞서 2009년 친일반민족행위 진상규명위원회는 인촌 김성수가 전국 일간지에 징병·학병을 찬양하며 선전·선동하는 글을 여러 편 기고한 점과 징병제 실시 감사축하대회에 참석한 것을 들어 친일행위에 가담했다고 판단해 친일반민족 행위자로 지정했다.

조선과 근현대 역사를 품은 운현(雲峴)

현대계동사옥주차장 건너편에는 2002년 문을 연 북촌문화센터가 있다. 북촌문화센터가 자리한 한옥은 원래 조선말기 탁지부 재무관을 지낸 민형기의 며느리가 1934년까지 살던 집이다. '민재무관댁' 또는 '계동마님댁'으로 불리던 이 집은 전형적인 양반집으로, 서울시가 사

북촌한옥마을에 자리한 한옥지원센터

관상감 관천대

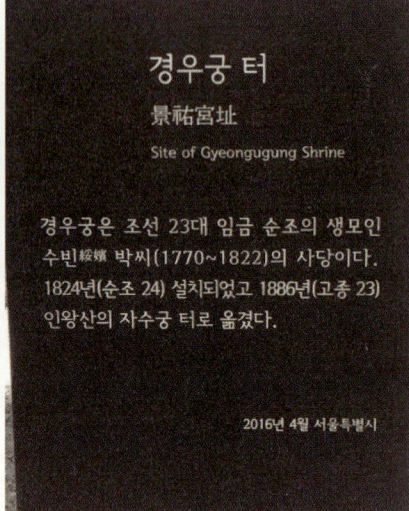
경우궁터

들여 개보수한 후 2002년 10월 북촌문화센터로 개관했다.

현대계동사옥이 자리 잡고 있는 곳은 많은 이야기를 품고 있다. 조선 초 1397년(태조6) 서민들의 질병치료를 담당하기 위해 설치되었다가, 1459년(세조5) 혜민국(惠民局)에 합병된 '제생원(濟生院)'이 자리했다.

동쪽 관상감(觀象監) 관천대(觀天臺)가 높이 서있는 곳은 별을 관측하거나 시간을 측정하던 서운관(書雲觀)이 있던 곳으로, 1466년(세조12) 관상감으로 이름을 바꾸었다. 이곳의 고개 이름 운현(雲峴)은 서운관에서 비롯되었다고 전한다.

순조의 생모인 수빈박씨의 신주를 모신 사당인 경우궁(景祐宮, 1824~1908)과 그 남쪽에 있던 고종의 사촌형인 이재원이 살던 계동궁(桂洞宮)은 갑신정변 당시 김옥균 등이 고종을 모셨던 곳이다. 경우궁은 1908년 지금의 칠궁(七宮)으로 옮겨갔다.

경우궁과 계동궁 터는 이후 휘문학교의 교정이 되어 흔적도 없이 사라졌다. 1904년 민영휘는 경운동에 광성의숙을 개설했다. 1906년 관상감(觀象監) 터에 교사를 신축·이전할 때 고종황제로부터 휘문의숙(徽文義塾)이라는 교명을 하사받았다.

휘문고 교정은 1945년 8월 16일 오후 1시 여운형이 주도한 조선건국준비위원회(건준)가 주최한 광복 후 최초의 정치집회가 열린 곳으로 기록되었다. 1978년 휘문고는 강남구 대치동으로 이전했고, 그 자리에는 1983년 현대그룹빌딩이 들어섰다.

현대사옥주차장 입구 앞 3층 건물은 광복 직후 건준 창립 당시 본부가 있던 자리이다. 건준 본부라는 역사적 의미를 지닌 건물은 2층 양옥으로 임상용의 집이었지만, 2004년 4월 헐리고 지금의 건물이 들어섰다.

현대사옥 서쪽에 자리한 대규모 한옥 상가는 한규설의 손자 한학수의 집이다. 1945년 8월 18일 이 집의 사랑방에서는 최초의 우익정당인 고려민주당(위원장 원세훈)이 결성되었다.

중앙고에서 안국역까지 북에서 남으로 거의 직선으로 흘러온 제생동천은 안국역 인근에서 서남으로 방향을 바꾸고, 바로 회동천으로 흘러들며 지천으로서의 역할을 마무리한다.

12 금위영천

금위영천(禁衛營川)은 창덕궁 금위영 부근에서 시작된 물길이 남으로 흐른다. 창덕궁의 서쪽 피마길 뒤편으로 흐른 물길은 피카디리극장 앞에서 서쪽에서 흘러온 물길인 회동천으로 흘러드는 지류이다.

돈화문 서남쪽 삼환빌딩 자리에 위치했던 금위영 인근에서 발원한 물길은 구불구불 남으로 흐른다. 오랫동안 조선의 법궁이던 창덕궁 앞 서쪽 피마길 뒤편을 흐른 물길은 익선동을 지나 피카디리극장 앞에서 동으로 흐르는 회동천을 만난다.

왕실호위 금위영과 요정 오진암

금위영(禁衛營)은 조선 후기 오군영 가운데 하나로 훈련도감, 어영청과 함께 국왕호위와 수도방위를 목적으로 한다. 1682년(숙종8) 정초군(精抄軍)과 훈련별대(訓鍊別隊)를 합쳐서 만들어진 금위영은 초기에 병조판서가 금위영 대장을 겸직하다가, 1754년(영조30) 독립된 군영이다.

1881년(고종18) 금위영은 5군영 중 총융청, 어영청과 함께 장어영(壯禦營)으로 통합되었다가, 1895년(고종32)에 폐지되었다. 오군영 가운데 훈련도감과 어영청, 금위영은 수도를 방어하는 중앙군영이고, 총융청과 수어청은 수도 외곽을 방어하는 임무를 맡았다.

물길이 흐르는 서쪽에 자리한

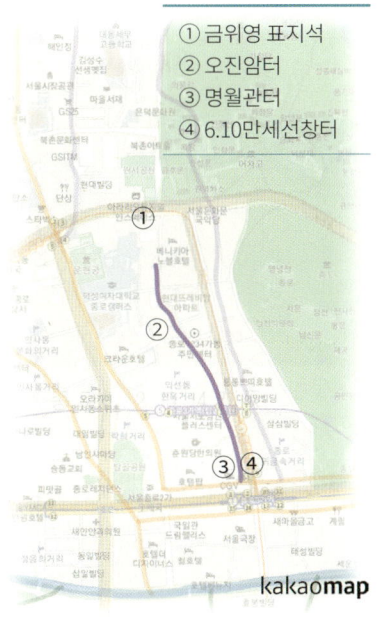

① 금위영 표지석
② 오진암터
③ 명월관터
④ 6.10만세선창터

금위영터

서울우리소리박물관

금위영천 상류

이비스엠배서더호텔인사동은 요정 오진암(梧珍庵)이 있던 곳이다. 오진암은 삼청각·대원각과 함께 3대 요정의 하나로 손꼽혔으며, 1970~1980년대 요정정치의 산실이었다. 오진암은 1972년 이후락

오진암터

금위영천 물길

중앙정보부장과 북한의 박성철 제2부수상이 7.4남북공동성명을 논의한 역사적인 장소로 기록되었다.

1910년대 초에 지어진 오진암 한옥은 그 보존가치를 인정받아, 호텔 건립을 앞두고 종로구에서 그 자재를 이용하여 부암동으로 옮겨 짓고 전통문화공간 무계원으로 운영 중이다.

이종구의 명월관과 6.10만세운동 터

요즘 뜨고 있는 익선동(益善洞)은 조선시대 한성부 중부 정선방 관할 익동이었는데, 익동의 '익'자와 정선방의 '선'자를 따서 만든 동명이다. 오랫동안 사람들의 관심 밖에 있던 익선동은 북촌한옥마을에 뒤이어 떠오른 지역이다. 1930년대 도시형 한옥이 그대로 남은 이 지역에 20~30대의 감성을 자극하는 상점들이 들어서면서 최근 뉴트로로 뜨고 있다.

금위영천이 남쪽으로 흘러 회동천과 만나기 직전에 자리한 피카디리극장의 북쪽에는 요리점 명월관이 있었다. 1921년 장춘관(長春館)이 있던 곳에 새로 명월관이 문을 열었다. 장춘관 사장 이종구가 안순환으로부터 명월관 상호를 사들여 개업한 것으로, 문을 연 그해 청량리출장소, 1923년 서린동분점을 개설할 정도로 성황을 이뤘다. 일반적으로 언급하는 명월관이 바로 이곳이며, 명월관은 1950년 폐업할 때까지 영업이 계속되었다. 당시 명월관은 천향원(인사동)·식도원(명동)과 함께 유명한 요리점으로 손꼽혔다.

광복 후 명월관은 종업원들이 영업권을 공동 관리하고, 이종구는 부동산만을 소유하는 방식으로 운영되었다. 한국전쟁 당시 북한군이 철수할 때 사장 이종구는 납북되었다.

명월관 앞 큰길가는 1926년 6월 10일 오전 8시 30분, 순종의 국장 행렬이 통과한 뒤에 중앙고보 학생들이 대한독립만세를 외친 곳이다. 종교인들이 중심이 된 3.1만세운동과 달리 6.10만세운동은 사회주의자들과 천도교·학생·인쇄공을 비롯한 노동자 등 다양한 계층과

피카디리극장　　　　　　　　　　　　　　명월관터

회동천이 흘러와 합류하는 곳

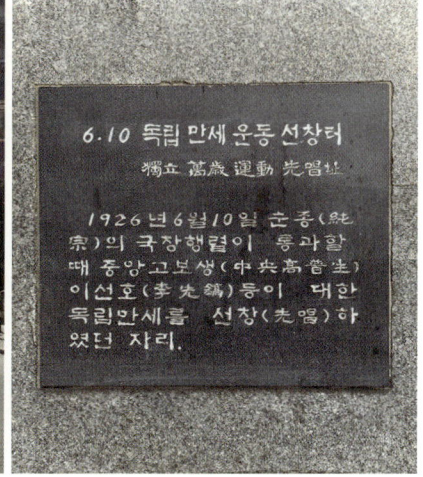
6.10만세운동 선창터

세력이 함께 하며, 역할을 분담했다. 지휘부는 사회주의자들이 이끌고, 천도교는 조직을 기반으로 인쇄물과 지방연락을 담당하고, 학생들은 만세운동을 주도하였다. 6.10만세운동은 여러 계층과 세력이 함께하였기에, 3.1만세운동과는 달리 다양한 구호와 주장이 등장했다. 6.10만세운동은 이듬해인 1927년 신간회 등 각종 사회단체의 등장에 영향을 미쳤다.

북영천(北營川)은 응봉 아래 북영 부근에서 발원한 물길로 창덕궁 서쪽 담을 따라 흐르다가 요금문 옆 수구를 통해 창덕궁 안으로 흘러들었다. 창덕궁 금천교를 지난 물길은 돈화문 동쪽 수구를 통하여 다시 궁 밖으로 나와 동쪽 피마길 뒤편으로 흘러 좌포도청 인근에서 회동천으로 흘러들었다.

북영천 상류

응봉 자락에서 시작된 물길이 신선원전 외삼문 옆 수구를 통해 궁 밖으로 나와 창덕궁 서쪽 담을 따라 원서동을 흘렀다. 요금문 남쪽에서 다시 궁 안으로 흘러든 물길은 금천(禁川)으로 금천교(錦川橋) 밑을 흐르고, 돈화문 동쪽 수구를 통해 다시 궁 밖으로 흘러나왔다. 창덕궁을 벗어난 북영천은 운종가까지 이어진 창덕궁 동쪽 피마길 뒤편으로 흘러 단성사 뒤쪽에서 회동천을 만난다.

원서동 물길과 고희동가옥

물길의 이름이 된 북영(北營)은 창덕궁의 서쪽 원서동에 자리했던 훈련도감의 본영이다. 북영은 훈련도감의 본부로, 창덕궁을 경비하는 역할을 담당한 부대였다. 북영 부근에서 발원한 물길은 창덕궁 내 신선원전 안쪽에서 외삼문 옆 수구를 통해 궁 밖으로 흘러나왔다.

외삼문 수구 앞에는 빨래터 흔적이 남아 있고, 물길은 창덕궁 서쪽 담을 따라 원서동을 흘렀다. 원

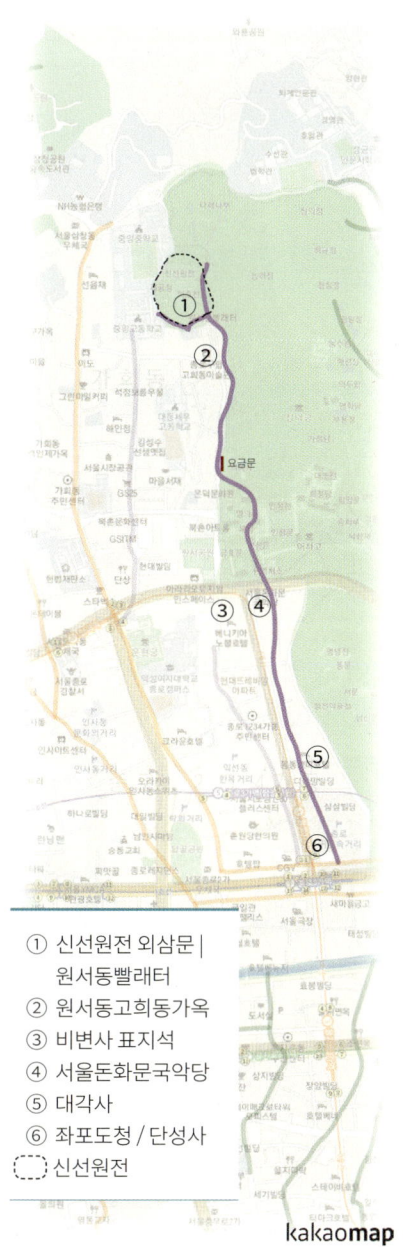

① 신선원전 외삼문 | 원서동빨래터
② 원서동고희동가옥
③ 비변사 표지석
④ 서울돈화문국악당
⑤ 대각사
⑥ 좌포도청 / 단성사
◯ 신선원전

신선원전 외삼문 옆 원서동빨래터

서동(苑西洞)은 창덕궁 후원의 서쪽이란 뜻으로 붙여진 이름으로, 조선시대 원동(苑洞, 園洞)에서 유래되었다.

원서동고희동가옥은 우리나라 최초의 서양화가인 고희동(1886~1965)이 직접 설계하고 41년간 거주한 근대식 한옥으로, 2012년 종로구립고희동미술관으로 개관했다. 고희동은 역관 집안의 영향으로 14살 때 한성법어학교(漢城法語學校)에 들어가 프랑스어를 배웠다. 1904년 궁내부 주사로 프랑스어 통역과 문서번역을 하던 그는 을사보호조약 체결을 계기로 그

북영천 물길

원서동고희동가옥

만두었다.

　고희동은 안중식과 조석진 문하에서 그림을 그리기 시작했으나, 곧 서양의 그림에 관심을 가졌다. 1909년 일본 동경미술학교 양화과(洋畵科)에 입학, 본격적으로 서양화를 배웠다. 1918년 최초의 한국인 서화가들의 모임이자 미술단체인 서화협회(書畵協會)를 만들고, 총무를 맡았다. 회원 작품전 개최와 <서화협회보>를 발간하던 서화협회는 1939년 일제의 탄압으로 해산되었다. 고희동은 후진 양성에 힘쓴 미술교육가이자, 화단을 이끌어간 미술행정가로 평가받는다.

불교계 민족대표 용성스님의 대각사

창덕궁 요금문 옆 수구를 통해 궁 안으로 들어간 물길은 명당수가 되어 금천교 밑을 흘러 돈화문 동쪽의 수구를 통해 궁 밖으로 빠져나간다.

　돈화문 남동쪽에 있는 비변사(備邊司)터 표지석은 1592년(선조25) 임진왜란 이후 이곳에 의정부를 대신하여 국정을 총괄하던 관청인 비변사가 있었음을 알려준다. 비변사 동쪽에는 2016년부터 서울돈화문국악당이 자리 잡고 있다. 돈화문 인근은 과거 많은 국악의 명인들이 거주했고, 국악사양성소(1955) 등이 자리했던 곳이다.

비변사터

　창덕궁을 빠져나온 물길은 도로를 건너 국악당 동쪽 골목길을 따라 남으로 흐른다. 북영천은 창덕궁 앞 동쪽 피마길 뒤편으로 흐르고, 물길의 동쪽으로 서순라

길이 이어진다. 종묘의 서쪽 담을 따라 이어지는 서순라길은 종묘를 순찰하는 순라청 서쪽에 있는 길이라 하여 붙은 이름이다.

물길을 따라 걷다가 만나는 대각사(大覺寺)는 1911년 용성스님에 의해 창건된 사찰이다. 대각사 정문 앞 표지석은 이곳이 3.1만세운동 당시 만해 한용운과 더불어 불교계 민족대표였던 백용성(1864~1940)이 거주했던 곳임을 알려준다.

김종록의 『근대를 산책하다』에 따르면, 3.1만세운동 때 태극기를 사용한 것은 백용성이 제안했던 일이라고 한다.

3.1운동 때 태극기 사용을 제안한 이가 바로 용성이다. 한용운은 "흰 바탕에 푸른색 한반도 기를 사용하자"고 제안했고, 천도교와 기독교 대표들은 그리해도 무방하다는 입장을 보였다고 한다.

김종록의 『근대를 산책하다』중에서

대각사

대각사는 창건 당시 단층 한옥이었으나, 1987년 전통적 목조건축의 외관에 디자인적 요소를 도입한 현대식 도심형 사찰로 다시 지었다.

좌포도청 역사 간직한 단성사

대각사를 지난 물길은 남쪽 단성사 뒤편에서 서에서 동으로 흐르는 회동천을 만난다. 극장 단성사가 있던 자리에 들어선 단성사빌딩 입구에서는 '단성사 터 역사'를 만날 수 있다.

이곳은 조선시대 좌포도청이 있던 곳이다. 조선시대 범인 체포를 비롯해 치안을 담당하던 관아인 포도청은 좌포도청과 우포도청을 두었다. 이곳 좌포도청에서는 1795년 천주교에 대한 을묘박해 때 첫 순교자가 나왔으며, 1898년 동학의 제2대 교주 최시형이 순교한 곳이기도 하다. 좌·우포도청은 1894년(고종31) 경무청(警務廳)으로 통합·개편되었다.

1907년 좌포도청 자리에 중소사업자 3명이 공동출자하여 단성사를 설립하였다. 개관 당시 2층 목조건물의 전통연희 전문극장이었던 단성사는 1914년 1천석 규모의 신파극 공연 극장으로 변모했다. 이때 공연된 '이수일과 심순애'의 슬픈 사랑을 그린 신파극 <장한몽>은 당시 장안의 화제였다.

1917년 일본인에게 팔렸던 단성사를 1918년 박승필이 인수하여, 상설활동사진관(영화관)으로 개축했다.

단성사는 1919년 10월 27일 대한민국 최초의 영화로 알려진 <의리적 구토>를 개봉하였고, 이를 기념하기 위하여 10월 27일을 '영화의 날'로 제정하여 기념하고 있다.

또 단성사는 1926년 나운규의 <아리랑>이 개봉된 곳이기도 하다.

단성사터역사

일제강점기 단성사는 조선극장·우미관과 더불어 북촌의 한인을 위한 극장이었으나, 일제강점기 말인 1940년 '대륙극장'으로 개칭되었다가 광복 후 단성사 이름을 되찾았다.

단성사빌딩에는 2019년 10월 27일, 대한민국 영화 100년을 기념하여 단성사 영화관과 단성사영화역사관이 문을 열었다.

회동천과 금위영천을 만난 북영천은 종묘 앞 금천으로 흘러 창경궁옥류천을 향해 흐른다.

종묘앞 금천

비변사(備邊司)

조선 최고의 행정기관으로 출범한 의정부(議政府)는 왕권과 시대에 따라 그 권한에 부침이 있었다. 조선중기 이후 비변사가 의정부를 대신해 국정 전반을 총괄하는 실질적 최고기관으로 자리매김했다.

성종 때 지속되는 왜구와 여진의 침입으로 의정부와 병조를 포함한 국방문제 해결을 위한 비상임시기구를 설치한 것이 비변사의 출발이다. 비변사에 참여한 이들을 지변사재상(知邊司宰相)이라 했다.

1510년(중종5) 삼포왜란(三浦倭亂)이 발생하자 임시기구인 비변사가 설치되었고, 1555년(명종10) 을묘왜변 때 상설기구가 되었으나 그 권한은 크지 않았다. 1592년(선조25) 임진왜란이 일어나자 국난 수습을 위한 최고기구가 된 비변사는 그 기능과 권한이 확대·강화되었다.

인조 대에 이르러 비변사는 최고 정치기구로 그 성격이 바뀌었다. 이후 비변사의 조직 확대와 권한 강화로 의정부는 유명무실해졌다. 1864년(고종1) 흥선대원군은 비변사의 기능 및 위상을 축소·격하시키고, 1865년(고종2) 폐지하였다.

14 반수천·흥덕동천

반수천·흥덕동천은 '성균관흥덕동천수'라고도
불렸으며, 박현욱의 『서울의 옛 물길 옛 다리』에서는
성균관흥덕동천이라 일컫고 있다. 반수천·흥덕동천은
성균관의 좌우에서 흐르는 동반수(東泮水)와 서반수(西泮水)
가 하나로 합쳐진 반수천과 흥덕동에서 시작된 물길이 하나로
합쳐져 흥덕동천으로 흘러 오간수문(五間水門) 가까이서
개천으로 흘러든다.

성균관(成均館)의 동쪽을 흐른 동반수는 응봉의 동쪽 서울국제고 인근에서 남으로 흐르는 물줄기가 발원이며, 성균관의 동쪽을 흘렀다. 서반수는 성균관의 서북쪽에서 시작된 물길이 창덕궁 후원의 옥류천에서 흘러온 물줄기와 만난 뒤 성균관의 서쪽을 흘렀다. 동반수·서반수 두 물길은 대성전의 신삼문 남쪽에서 하나로 합쳐져 남으로 흐르다가, 창경궁로를 건너 대명길을 따라 동으로 방

① 창덕궁 후원물길
② 어정수
③ 계성사
④ 성균관
⑤ 흥덕사/송동/북묘 중앙학림
⑥ 보성고터
⑦ 숭정의숙
⑧ 장면가옥
⑨ 여운형 서거지
⑩ 광례교터
⑪ 진아춘
⑫ 학림다방
⑬ 경모궁터
⑭ 옛 공업전습소
⑮ 옛 탑골공원정문
⑯ 김상옥 의사 시가전터
⑰ 대학천상가
┅┅ 반촌영역
━━ 효제동천

향을 바꾼 다음 새로운 물길인 흥덕동천을 만나고 이후 흥덕동천으로 흐른다.

반궁을 품고 반촌을 흐른 반수천

성균관의 동북쪽 흥덕동에서 발원한 물길은 남으로 흐르다가 광례교 인근에서 서쪽에서 흘러온 반수천(泮水川)을 받아들인 후 물길을 꺾어 다시 남쪽으로 흘렀다. 이화사거리를 지난 물길은 남동 방향으로 꾸불텅하게 흐르면서 서쪽에서 흘러온 짧은 물길인 효제동천을 받아들인 후 개천으로 흘러든다.

반수천은 성균관을 반궁(泮宮)이라 부른 것에서 비롯되었다. 『청계천 지천 연구』에 따르면, '반궁'이라는 단어의 반(泮)은 반원을 이룬 연못을 상징하고 궁(宮)은 학생들이 기거하면서 교육을 받는 학

창덕궁옥류천　　　　　　　　　　창덕궁옥류천 수구

궁(學宮)을 의미한다. 천자나 제후의 국학기관에 연못을 두는 이유는 학생들이 붓으로 글을 쓰고 학문을 연마하는 과정에서 소요되는 물을 공급한다는 상징적 의미가 있다.

　반수는 성균관과 그 역사를 함께 하지만, 성종 때 대대적인 공사를 통해 정비한 기록이 전한다. 한편 창덕궁 후원의 옥류천 동쪽 담 밑의 수구는 서반수의 물길 일부가 창덕궁에서 시작되어 흘렀음을 알 수 있게 해준다.

　성균관 주변 마을을 반촌(泮村)이라 하고, 반촌에 거주하면서 성균관의 일을 거들던 이들을 반인(泮人)이라 했다. 반촌은 치외법권 지대의 성격이 강했으며, 17세기 후반부터 그 영역이 확장되었다. 반인들의 업무는 문묘 관리와 제향 업무, 기숙사 관리와 식당 업무, 기타 등이었다. 17세기 중반부터 반인들은 소의 도살과 쇠고기를 판매하는 현방을 독점했다.

　성균관대학교 정문 안쪽에는 1742년(영조18) 영조가 세운 탕평비

어정수　　　　　　　　　　　서반수천 물길

대성전

명륜당

각이 자리하고 있다. 영조는 성균관 반수교 위에 탕평비를 세워 성균관 유생들에게 당쟁의 폐해를 경계하도록 하는 한편, 자신의 탕평책을 널리 알렸다.

성균관의 서북쪽에는 대성전에 모신 중국 5성(공자, 증자, 안자, 맹자, 자은)의 아버지를 모시기 위해 지은 사당인 계성사가 있었다. 계성사는 1954년 성균관대학교를 지으면서 사라졌다. 계성사 서쪽에는 왕이 대성전과 계성사를 찾아 제사를 지낼 때 사용하던 우물인 어정수(御井水)가 있다. 어정수는 지금도 성균관대학교 학생회관 앞 담벼락 밖 도로변에서 그 흔적을 찾을 수 있다.

신삼문 남쪽에서 동반수와 서반수가 하나로 합쳐져 비로소 반수천으로 흐른다. 반수천은 남쪽으로 흐르다가, 창경궁에서 혜화문으로 이어진 큰길을 건넌 뒤 동쪽으로 물길의 방향을 틀었다. 반수천은 광례교 인근에서 성균관 동쪽 흥덕동을 흘러온 물길과 만나 이후 흥덕동천으로 흐른다.

흥덕사에서 중앙학림까지, 한 공간에 다양한 역사

서울국제고의 동쪽과 서울과학고 남쪽 비탈에서 시작된 물길을 흥덕동천(興德洞川)이라 한다. 성균관의 동북쪽에는 산수가 맑고 아름다우며 봄부터 가을까지 온갖 꽃이 피어 경도십영(京都十詠)의 하나인 흥덕동이 자리했다.

흥덕동 지명은 왕위를 내려놓

흥덕사터

은 태조가 새로 지어 살던 집을 희사해서 지은 절인 흥덕사(興德寺)에서 비롯되었다.

　태조가 죽은 후에도 도성 내의 큰 사찰로 교종(敎宗)의 본사(本寺) 역할을 하던 흥덕사는 연산군의 폐불정책으로 사라졌다.

　시간이 흘러 흥덕사가 자리에 우암(尤庵) 송시열(1607~1689)이 살았다. 조선 후기의 대학자인 송시열이 살던 마을을 사람들은 '송동(宋洞)'이라 불렀다.

　그 흔적은 큰 바위에 새겨진 '증주벽립(曾朱壁立)'이라는 송시열의 글씨에서도 확인된다. 타협을 거부하는 독선적이고 강직한 송시열의 성격을 잘 나타내주는 글귀라 할 수 있다.

　1883년, 고종은 명성황후의 청(請)으로 흥덕사터(송동)에 관우의 사당을 짓고, 방향에 따라 북묘라 하였다. 북묘가 도성 안에 자리를 잡고, 또 세월 따라 부침(浮沈)하는 사연은 이렇다.

　임오군란(1882)으로 충주까지 피난 갔던 명성황후는 피신처에 있

송시열 집터임을 알리는 우암구기

송시열이 쓴 증주벽립 각자

는 국망산에 올랐다가 무당을 만나게 된다. 무당은 명성황후에게 국망산 이름을 풀이하여, 팔월 보름날 황후를 모시러 오는 이가 도착하게 될 것이라고 했다. 이 예측이 적중하자, 이에 탄복한 황후는 환궁할 때 이 무당을 데리고 왔다.

어느 날 무당은 관우 사당을 지어줄 것을 청하였고, 이에 명성황후는 고종에게 주청하여 북묘를 짓게 된다. 이후 무당은 진령군(眞靈君)에 봉해졌으나, 갑신정변(1884)과 갑오개혁(1894), 청일전쟁 등으로 북묘와 함께 부침하다가 을미년 명성황후살해사건(明成皇后殺害事件) 발생 후 조용히 숨을 거두었다. 북묘가 지어진 지 12년 만의 일이었다. 1902년 북묘는 왕묘에서 황제묘로 승격되었으나, 1908년 동묘에 통폐합되었다.

1913년 일제는 북묘 건물과 토지를 매물로 내놓았고, 2년 후인 1915년 이곳에는 불교계의 고등교육기관인 중앙학림(中央學林)이 자리를 잡게 된다. 1922년 일제는 중앙학림이 기미년 3.1만세운동

북묘하마비

중앙학림

당시 불교계를 주도했다는 이유로 강제 폐교했다. 이로 인해 중앙학림은 1922년 4월부터 5년간 강제로 문을 닫아야 했다.

1928년 중앙학림은 중앙불교전수학교로 다시 문을 열었고, 1930년 중앙불교전문학교, 1940년 혜화(惠化)전문학교가 되었다가 1946년 동국대학교로 이름을 바꾸고 남산으로 옮겨갔다. 1927년에는 보성학교가 수송동에서 중앙학림의 동쪽으로 옮겨왔다가, 1989년 송파구 방이동으로 이전했다.

아픔·시련·희망 뒤섞인 혜화동과 대학로

1894년 갑오개혁으로 신분제도가 무너졌지만, 천민에 대한 신분 차별은 여전했다. 반인들은 자신들에게 가해졌던 사회적 멸시나 모욕에서 벗어나기 위해 후손들에 대한 교육에 매우 헌신적이었다. 혜화초등학교는 1910년 반촌에 살던 반인들이 자신들의 아이를 위해 자금을 출연해 설립한 '숭정의숙'이 그 모태다.

장면가옥은 일제강점기 교육자로 활동하다가 광복 후 정계에 뛰어든 장면이 1937년부터 1966년까지 살던 집이다.

1948년 제헌국회의원에 당선되고, 1949년 초대 주미대사 등을 지낸 그는 1951년 제2대 국무총리로 발탁되나 이듬해에 사임하고, 이후 야당 지도자의 길을 걷는다. 장면은 1956년 선거에서 민주당 후보로 부통령에 당선되었고, 1960년 제2공화국의 내각책임제 국무총리로 선출되었다.

혜화동로터리 우체국 앞 도로는 1947년 7월 몽양(夢陽) 여운형이 암살당한 현장이다. 여운형은 광복 이후 11번째 테러로 인해 세상을 떠났다. 사건 직후 경찰은 18살 소년 한지근이 범인이라고 발표했고, 미군정도 그의 단독범행으로 처리했다.

그러나 45년이 지난 후 1992년 5월 월간지 <말>은 '몽양 살해범 4인의 최초 고백 -여운형 암살 배후에 노덕술이 있었다'는 기사를 통해 실상을 폭로했다. 노덕술은 대한민국 정부수립 직후 반민특위에 체포되었지만, 이승만이 그의 체포에 크게 화를 냈고, 결국 이를 계기로 반민특위를 와해시켰다.

한편 해방정국에서 많은 민족의 지도자들이 의문의 죽임을 당

몽양 여운형 선생 서거지

했다. 한민당 송진우(1945. 12. 30.)를 시작으로 근로인민당 여운형 (1947. 7. 17.), 한민당 장덕수(1947. 12. 2.), 한독당 김구(1949. 6. 26.) 등 큰 인물들이 암살당했음에도 사건의 배후에 대해 어느 것 하나 명확하게 밝혀진 바가 없다.

물길은 혜화동로터리 서쪽을 따라서 우리은행 옆 골목을 흘러 혜화역4번출구 앞에서 반수천을 만난 후 물길을 꺾어 남으로 흐른다. 대학로 큰길의 서쪽 뒷골목에는 1925년 문을 연 중식당 진아춘이 100년을 눈앞에 두고 있다. 비록 100년 전 그 자리는 아니지만, 종업원에게 가게를 물려주었던 초대 사장의 정신은 5대 사장으로 이어지고 있다.

1956년 문을 연 학림다방은 서울대 문리대가 이곳에 있을 당시 '문리대학 제25강의실'로 불릴 정도로 유명했다. 한편 학림다방은 1980년대 초 대표적인 공안사건인 이른바 '학림사건'으로 구금되었던 전민학련이 첫 모임을 가진 곳이라는 보도로 인해 당시 사람들의 주목

대한의원 대한의원 병동터

을 끌기도 했다.

서울대학교병원 구내에는 함춘원과 사도세자의 사당인 경모궁, 그리고 대한의원 등 역사를 품은 곳이 여럿 있다.

서울대병원 정문 길 건너편에 자리한 마로니에공원과 그 일대 상가지역은 서울대학교 문리대가 있던 곳으로, 일제강점기 경성제국대학이 문을 연 곳이다.

복개로 사라진 세느강과 미라보다리

흥덕동천은 서울대 문리대 서쪽을 흘렀다. 1970년대 중반 서울대학교가 관악으로 이전하기 전까지 당시 서울대 문리대생들은 학교 앞을 흐르는 흥덕동천을 '세느강', 문리대 입구에 있던 다리를 '미라보다리'라 불렀다. 비교적 늦게까지 그 모습을 유지하고 있던 흥덕동천도 1980년대 초 지하철4호선 공사를 하면서 완전 자취를 감추어, 몇몇 이들의 기억 속에만 존재하고 있다.

조선시대에는 반수천이 성균관을 감싸고 흘렀고, 근·현대에는 흥덕동천이 서울대 앞을 흘렀다. 반수천과 흥덕동천의 물길은 모두 복개되어 지금은 볼 수가 없다. 서울대학교가 관악으로 옮긴 이후 본격적으로 대학로라 불리게 된 이 지역은 조선시대 반촌과 유사하다. 반촌과 대학로는 그 영역과 성격에 차이는 있지만, 예나 지금이나 젊은이들이 모여드는 번잡한 거리라는 점에서 공통점을 찾을 수 있다.

오늘날 젊음의 상징이자 소비 공간이 되어 버린 대학로 일대는 예전에 반촌으로 성균관 유생들이 노닐던 번화가였다. 성균관의 제사부터 유생의 시중까지 온갖 궂은일을 도맡아 하던 반인들은 유생(儒生)을 위한 하숙집과 식당도 운영하였고, 반촌 독점 음식인 설렁탕도 만들어 팔았다.

마로니에공원 남쪽에 자리한 방송대와 서울사대부설초등학교도 그냥 지나치기에는 아쉬움이 남는 이야기를 담고 있다. 한국방송통신대학(이하 방송대)이 자리한 곳은 1907년 공업전습소와 탁지부부속중앙시험소(훗날 총독부부속중앙시험소)가 들어섰고, 1916년 경성공업전문학교가 세워졌다.

방송대 정문 남쪽의 흰색 목조건물은 원래의 공업전습소 본관 자리에 1912년 조선총독부가 중앙시험소 청사로 지었는데, 훗날 공업전습소가 사용하게 되었다. 광복 후 국립공업시험원이 있었으나, 지금은 방송대 역사기록관으로 활용되고 있다.

서울사대부설초등학교 정문으로 사용 중인 4개의 석조기둥은 원래 탑골공원의 정문이었다.

1967년부터 탑골공원 정비가 시작되고, 탑골공원의 정문은 3.1만

옛 공업전수소 본관

서울사대부설초교 교문으로 사용중인 탑골공원 정문

세운동 50주년을 맞이하던 1969년 당시 서울대학교 법대 정문으로 옮겨왔다. 이후 서울대가 관악으로 옮겨가면서 탑골공원 정문은 서울대학교부설초등학교 정문으로 사용되고 있다.

전설의 총잡이 김상옥 의사 시가전 터

물길은 이화사거리 동쪽에서 남동으로 구불구불 흐르다가, 서쪽에서 흘러온 효제동천을 받아들인 후 전태일다리 앞에서 개천으로 흘러든다. 흥덕동천이 이화사거리 옆을 지나 효제동천을 만나기 전 중간 부분의 물길 서쪽은 1923년 1월 22일 김상옥 의사가 일제 경찰에 맞서 1:400(또는 1:1,000)의 시가전을 벌인 곳이다. 역사적인 현장임에도 불구하고, 지금껏 안내 표지판 하나 마련되어 있지 않다.

의열단원이던 김상옥 의사는 1923년 1월 12일 밤 종로경찰서에 폭탄을 던진 의거로 인해 일제 경찰에 쫓기게 되었다. 1월 17일 새벽 삼판동(후암동) 매부 집에서 일제 경찰과 대치하던 김상옥은 남산을 가로질러 왕십리 안장사(安藏寺)에서 승복을 빌려 변장하고, 짚신을

구본웅이 그린 김상옥 의사 시가전

김상옥 의사 시가전터

거꾸로 신고 포위망을 벗어났다. 1월 18일 수유리 이모집에서 휴식을 취한 후, 1월 19일 동지인 이혜수의 집(효제동73)으로 거처를 옮겼다. 그러나 1월 21일 은신처를 방문했던 동료 전우진이 일제 경찰에 체포되면서 김상옥의 은신처가 발각되었다.

1월 22일 새벽 일제 경찰은 시내 4개 경찰서에 총비상령을 내리고, 기마대와 무장경관 등을 동원해 은신처인 이혜수의 집 주변 일대를 겹겹이 포위했다. 김상옥은 혼자서 양손에 권총을 들고 수백 명의 일제 경찰에 맞섰다. 주변의 집을 넘나들며 3시간이 넘는 총격전을 벌인 끝에 총알이 떨어지자, 김상옥은 마지막 한 발로 스스로 자결하여 순국했다. 화가 구본웅은 중학시절 직접 목격한 김상옥 의사의 총격전 광경을 그림으로 그려 자신의 시화첩에 남겼다.

효제동천은 김상옥로를 서에서 동으로 흐른 물길이 흥덕동천으로

대학천(흥덕동천)이 흘렀음을 알려주는 대학천상가

흘러들던 비교적 짧은 물길로, 지금은 그 흔적조차 찾을 수가 없다. 효제초등학교 동남쪽으로 흐른 흥덕동천은 종로를 건넌 뒤 대학천상가 동쪽을 지나 개천으로 흘러들었다. 대학천상가는 서울대학교 앞을 지나온 물길이 대학천으로도 불렸음을 알 수 있게 해주는 유일한 흔적이다.

> **'낮도둑을 기르는 곳'**
> 서울을 방문한 시골 사람이 동소문로에서 성균관을 보고 나눈 대화.
> 함경도는 … (중략) … 조정과는 아주 멀리 떨어져 있어 수령이 두려워하거나 꺼리는 것이 없이 오로지 가혹한 징수와 혹독한 형벌을 일삼았고, 백성을 초개같이 여겼다. 그래서 백성 또한 수령을 낮도둑이라 지목하여 원수같이 여겼다. 간혹 문관(文官)을 가려서 보내기도 하나 백성의 기대에 걸맞은 사람은 아주 적었다.
> 북도 시골 사람으로 서울에 처음 온 자가 있었는데, 동소문으로 들어와 성균관 앞길에 이르러서는 같이 온 사람에게 "여기는 어느 고을 읍내이기에 관사가 이같이 높고 넓은가?" 하고 물으니, 같이 온 사람은 말하기를 "너는 모르는가? 여기는 읍내가 아니라, 조정에서 낮도둑을 모아서 기르는 곳이다."라고 하였다.
> 이 말이 비록 너무 감정이 북받쳐서 한 말이고 그 마음이 이해는 가지만 듣기에 또한 괴이하다.
> 　　　　　　　　　조선중기 문신 이희(李墍)의 <송와잡설(松窩雜說)> 내용
> 　　　　　　　　　『서울, 한양의 기억을 걷다』에서 재인용

15 창동천

창동천은 목멱산 일원에서 발원하여 한양도성 안을 흐르는 11개의 물줄기 가운데 하나이자, 한양도성 남쪽에서 개천으로 직접 흘러드는 제1지류 7개 물길 중 하나이다. 또 목멱산 서쪽 지역에서 발원한 여러 물길, 다시 말해 정릉동천과 회현동천, 남산동천 등 비교적 큰 물길을 지류로 갖는, 한양도성 내에서는 독특한 물길이다.

한양도성 안 목멱산 서쪽 기슭인 백범광장 부근에서 발원한 창동천은 도동삼거리 동쪽 골목길을 따라 회현역 서쪽에서 퇴계로를 건너 남대문시장과 북창동 한가운데를 남에서 북으로 가로질러 흐른다. 프라자호텔 동쪽으로 흐른 물길은 프레지던트호텔 앞에서 을지로를 건너고, 부림빌딩 앞에서 정릉동천을 맞이해 물길을 넓힌다. 다동무교동 음식문화의 거리를 따라 흐른 물길은 을지로입구역 북쪽 삼각동에서 회현동천, 남산동천 물길을 만난 후 광통교 인근에서 개천으로 흘러든다.

① 선혜청 창고
② 서울시경찰국터
③ 원구단 | 황궁우 | 남별궁터
④ 육군제9보병사단창설터 표지석
⑤ 조선광문회터
⬚ 남대문시장 영역
도동삼거리
⬚ 삼각동

선혜청 창고와 남대문시장, 그리고 북창동길

숭례문에서 도동삼거리로 이어지는 길은 한양도성이 지나던 자리다. 숭례문에서 도동삼거리를 거쳐 백범광장에 이르는 길은 일제강점기에 일제가 남산에 만든 조선신궁으로 올라가는 길이었다.

숭례문과 남대문시장 사이의 약간 높은 언덕에는 조선시대 선혜청 창고가 있던 곳으로 북창의 남쪽에 위치했다 하여 남창(南倉)이라 하였다. 대동법과 상평(常平)의 업무를 관장·집행하는 재정기관으로 자리매김한 선혜청은 조선 후기에 세입(歲入)의 대부분을 관장하면서 기능이 비대해져 호조의 기능을 능가했다. 비변사와 함께 존재와 기능에 대해 비판받던 선혜청은 1894년 갑오개혁 때 대동법의 폐지와 함께 역사 속으로 사라졌다.

창동천 163

선혜청이 있던 남창동 일대에 자리한 남대문시장은 1900년경부터 '남문안장' '新倉안장'이라 불리던 시장이 있던 곳이다. 이 시장은 1921년 '조선농업주식회사', 1922년에는 일본인 회사 '중앙물산주식회사'로 경영권이 넘어가기도 했다. 광복 후 1946년 10월 215개의 점포로 처음 남대문시장이 개설되었고, 한국전쟁 이후 급속한 발전으로 종합도매시장으로 자리매김했다.

남대문시장을 가로지르면 길가에 한동안 동시상영 극장으로 남아 있던 남대문극장이 있었다. 남대문로 건너편에는 옛 서울시경찰국이 있었다. 내자동 서울시경찰청사로 옮겨가기 전까지 오랫동안 서울시경이 자리한 탓에 이후에도 한동안 '시경 앞'으로 불렸다.

옛 서울시경 옆 골목, 바로 북창동길은 오래전부터 직장인들 사이에 유명한 식당과 술집이 모여 있는 골목이다. 북창동음식거리라 이름 붙인 북창동길 한쪽 골목에서는 옛 우물터를 만날 수 있다. 북창동길 북쪽 끝에 자리한 더플라자호텔 동쪽에서는 대한제국을 선포한 원구단 터와 황궁우를 만날 수 있다.

북창동 음식거리

북창동 우물터

호텔이 되어버린 대한제국 선포터

1897년 고종은 원구단에서 하늘에 제사를 지냄으로써 대한제국 출범을 알렸다. 이듬해에는 원구단 북쪽에 하늘과 땅의 신의 신위를 모시는 황궁우를 건설하였고, 1902년에는 고종의 망육(望六) 및 즉위 40년을 경축하면서 황궁우 동쪽에 석고각을 만들었다. 석고각은 정문인 광선문 안에 세 개의 석고가 놓인 곳에 있었다. 이렇게 원구단은 크게 원구단 영역, 황궁우 영역, 석고단 영역으로 구성되었다.

그러나 1914년 조선총독부는 원구단을 철거하고 그 자리에 조선철도호텔을 지었고, 황궁우는 호텔의 정원 역할로 전락했다. 광선문은 1927년 남산에 있던 동본원사로, 석고각은 1935년 박문사로 옮겨졌다. 조선철도호텔 정문으로 사용되던 원구단 정문은 1967년 조선호텔을 신축하면서 우이동 그린파크호텔로 옮겨져 정문 역할을 하

원구단 정문

원구단 황궁우　　　원구단 석고

다가 2009년 지금의 위치로 이축 복원되었다.

　원구단 자리는 태종의 둘째 딸인 경정공주가 살았던 곳이기에 공주골 또는 소공주동으로 불렸다. 또 다른 이름인 남별궁은 선조의 셋째 아들 의안군이 살았던 곳으로, 임진왜란 당시 왜군이 진을 치고 있었던 곳이다. 한양을 수복한 뒤 명나라 장수 이여송이 머물기도 했으며, 1593년 10월 선조가 환도한 뒤 이곳에서 자주 명나라 장수를 접견하였다 하여 남별궁이라는 이름이 붙여졌다. 이후 남별궁은 중국 사신을 접견하는 장소로 쓰였다.

물길, 삼각동을 만들다

프레지던트호텔 앞에서 을지로를 건넌 물길은 금세기빌딩과 삼성빌딩 사이로 흐르다가 부림빌딩 앞에 이르면 덕수궁 방향에서 흘러온 정릉동천과 합류한 다음 동쪽으로 방향을 바꿔 흐른다. 남대문로를 건넌 물길은 개천을 향해 흐르며 지형적으로 삼각동을 만들었다.

　삼각동 인근에서 '육군 제9보병사단 창설터' 표지석을 만난다. 한국전쟁이 한창이던 1950년 10월 25일, 28연대(대전)와 29연대(공주), 30연대(청주)를 중심으로 당시 서울청계국민학교에서 창설되

육군제9사단창설지

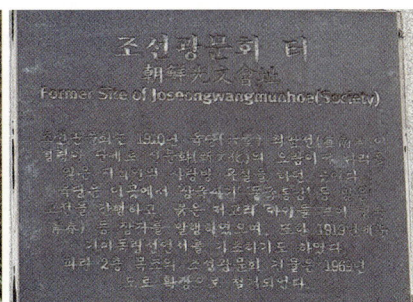
조선광문회터

었다. 9사단은 1952년 10월 6일~15일까지 열흘에 걸쳐 강원도 철원 395고지에서 중공군 3개 사단과 격돌하였고, 당시 양측의 포격으로 고지가 1m나 낮아졌다.

　전투가 끝난 뒤 미군들은 이 고지가 말의 형상으로 변했다며 'White Horse Hill'이라 불렀다. 이후 이 전투는 백마고지 전투라 불렸고, 육군 제9사단은 백마부대라는 명칭을 얻었다.

　삼각동의 청계천한빛광장 한쪽에는 '조선광문회 터'라는 표석이 있다. 조선광문회는 최남선, 박은식 등이 민족전통의 계승을 위한 고전의 간행과 보급 등을 목적으로 1910년 설립한 단체이다. 장지연, 김교헌 등이 복간사업의 실무자로 참여했으며, 180여 종의 고전간행을 계획했으나, 20종밖에 간행하지 못했다. 한국민족문화대백과사전에 따르면, 광문회는 일제의 지배 아래서도 민족정신과 슬기가 담긴 고전을 간행해 민족의식을 고취한 공이 크다.

　창동천은 삼각동을 흐르며 회현동천과 남산동천을 만나 더 큰 물길이 되어 개천으로 합류한다. 개천은 창동천과 만나면서 그 폭이 거의 두 배로 넓어졌다.

16 정릉동천

정릉동천은 중구 정동길(정동)과 세종대로(태평로2가)
두 곳에서 발원한 물길이 덕수궁 금천교 부근에서 하나로
합쳐진다. 하나 된 물길은 서울시청을 동북 방향으로 가로질러
부림빌딩 앞에서 남대문시장과 북창동을 흘러온 물길을 만나
여기서부터는 창동천으로 흐른다.

정릉동천의 두 갈래 물길 가운데 정동길 쪽 물길은 중구 정동의 구(舊)러시아공사관 인근에서 발원하여 정동길과 덕수궁돌담길을 따라 흘렀다. 세종대로로 이름이 바뀐 옛 태평로 쪽 물길은 삼성본관빌딩 인근에서 발원하여 세종대로(옛 태평로)를 따라 흐르다가 덕

러시아공사관터

수궁 금천교 부근에서 두 물길이 합류한다. 덕수궁을 빠져나온 물길은 서울시청을 동북 방향으로 가로질러 무교로사거리에서 다동·무교동 음식문화의 거리로 접어들어 부림빌딩 앞에서 더 큰 물길인 창동천으로 흘러든다.

굴곡진 역사를 품은 정동길

정동은 태조 이성계의 계비 신덕왕후 강씨의 능인 정릉(貞陵)이 있어 정릉동이라 부르던 것에서 유래되었다. 정동은 조선말부터 대한제국 시기에 이르기까지 개화기의 파란만장한 역사를 품고 있다.

정동에서 가장 높은 곳에 가장 넓게 자리했던 구(舊)러시아공사관은 고종이 1년여 간 몸을 의탁했던 아관파천의 현장이다. 광복 후 소련 영사관으로 사용되다가, 한국전쟁 때 2층 본관 건물이 파괴되고,

① 러시아공사관터
② 손탁호텔터 | 이화여고
③ 중명전
④ 보구여관 표지판
⑤ 정동제일교회
⑥ 서울시립미술관
⑦ 조선사편수회터
⑧ 서울도시건축전시관
⑨ 대한성공회 서울주교좌성당
⑩ 서울시의회 | 부민관
    배재학당터
    군기시 영역

3층 규모의 전망대만 남았다.

　이화여고 100주년기념관은 1902년에 문을 연 손탁호텔 자리다. 1885년 10월, 초대 주한러시아공사 웨베르를 따라와 1909년까지 25년간 한국에서 생활한 손탁이 운영하던 이 호텔은 1917년 이화학당의 소유가 되었다. 이화학당은 미국 감리교 선교사 스크랜튼이 1886년 여학생을 가르친 것이 그 시작이고, 1887년 고종이 이화학당이란 이름을 내려주었다.

　정동극장 옆 골목 안쪽의 중명전은 1901년에 지어진 황실도서관으로, 원래 이름은 '수옥헌(漱玉軒)'이었다. 그러나 1904년 덕수궁 화재 이후 고종의 집무실로 사용되었다. 1905년 을사늑약이 체결된 아픈 역사를 지닌 곳이자, 1907년 고종이 헤이그에 특사를 파견하기 전 비밀리에 만났던 장소이기도 하다.

중명전

보구여관

　이화여고 담이 끝나는 지점에서 만나는 보구여관 표지판은 이곳이 우리나라 최초의 여성병원이 있었음을 말한다. 보구여관은 1892년 동대문 쪽에 분원을 설치하였는데, 오늘날의 이화여자대학교의과대학부속병원의 기초가 되었다.

'최초'가 일상화된 개화길

1885년 8월 배재학당을 세운 감리교 선교사 아펜젤러는 1887년 9월 '베델예배당(Bethel Chaple)'의 문을 열었는데, 지금의 정동제일교회이다. 1897년 12월 26일 봉헌식을 가진 붉은 벽돌 예배당은 지금까지 남아 있는 유일한 19세기 교회건물이다. 정동제일교회는 1919년 3.1만세운동 때는 이필주 목사와 박동완 장로가 민족대표 33인으로 참가하였고, 모든 교인이 만세운동에 참여하여 일제로부터 핍박을 받기도 했다.

　중등교육기관인 배재학당 안에는 우리나라 최초의 근대식 인쇄시설을 갖춘 삼문출판사가 있었다.

정동제일교회

　1890년 문을 연 삼문출판사는 한글, 중국어, 영어 세 가지 언어로 인쇄·출판한다 하여 '삼문'이라는 이름을 갖게 되었다. 1896년 창간된 <독립신문>도 이곳에서 인쇄했다.

배재학당기념관

서울시립미술관은 1895년 근대적 재판소 제도가 도입되면서 만들어진 고등재판소가 1899년 평리원으로 이름이 바뀌면서 자리 잡았던 곳이다. 일제는 이곳에 1928년 경성재판소를 지었고, 광복 후 대법원으로 사용되다가 1995년 이후 서울시립미술관이 들어섰다. 서울시청 서소문청사는 일제가 한반도 역사를 왜곡하기 위해 조직한 조선사편수회가 있던 곳이다.

서울시립미술관 육영공원터 독일영사관터 독립신문사터

1896년 2월 11일 러시아공사관으로 거처를 옮겼던 고종은 그해 2

서울시립미술관

덕수궁 운교 흔적

덕수궁 연못

월 16일 경운궁의 수리를 명한다. 그리고 1897년 2월 20일 고종은 경운궁으로 돌아왔고, 1897년 10월 12일 원구단에서 대한제국을 선포하고 황제에 올랐다.

원래 경운궁의 정문은 남쪽에 있던 인화문이었으나, 1902년 동쪽에 대안문(大安門)을 만들고 정문으로 삼았다. 1904년 경운궁 대화재 이후 수리하면서 1906년(광무10) 4월 대한문(大漢門)으로 이름을 바꾸었다. 1907년 일제에 의해 강제로 고종이 폐위되고, 황제에 오른 순종이 창덕궁에서 머물게 되면서 경운궁은 덕수궁(德壽宮)으로 불린다. 1914년 일제는 태평통을 개통하면서 덕수궁의 궁역을 축소하였고, 광복 후 1968년 다시 한번 태평로가 확장되면서 고립되었던 대한문은 1970년 지금의 위치로 옮겨졌다.

의열·민주 정신이 이어지는 곳

정동길을 흘러온 물길은 삼성본관빌딩 쪽에서 흘러온 물길과 합쳐져 서울시청을 서남쪽에서 동북 방향으로 가로질러 흐르다가 더 큰 물길인 창동천으로 합류한다. 서울시청 일대는 조선시대 각종 무기와 깃발 등 전투 관련 기구를 제조·관리하기 위한 관청인 군기시(軍器寺)가 있었다. 군기시 인근에 놓인 다리를 무교(武橋)라 불렀기에, 동네 이름도 무교동이 되었다. 일제강점기인 1926년 경성부청이 들어섰고, 광복 후 서울시청으로 사용되었다. 지금의 서울시청과 프레스센터가 군기시 자리이다.

서울시청 서쪽에는 '서울도시건축전시관'이 자리하고 있다. 이곳은 대한제국 시절, 고종의 후궁이자 영친왕의 생모인 순헌황귀비 엄씨의 사당이 있던 궁터다. 이곳에 일제강점기에 체신국 청사가 들어섰고, 광복 후에는 국세청 별관으로 쓰였다. 서울시는 땅을 맞바꾸는

대한성공회 서울주교좌성당

방식으로 국세청 별관 건물을 철거하였다.
　대한성공회 서울주교좌성당은 로마네스크 양식에 한국 전통건축 기법을 더해 1926년에 입당했으나, 재원부족으로 미완성 상태였다. 이후 우연히 영국 도서관에서 발견된 설계도를 바탕으로 건물이 완성된 것은 70년이 지난 1996년이다. 이곳은 또 1987년 6월 민주항쟁의 진원지이기도 하다.
　서울시의회 건물은 1935년 일제가 다목적 회관으로 건립한 '부민관'이다. 광복 후 미군사령부(1945), 서울시 소유(1949), 국회의사당(1954. 9), 세종문화회관 별관(1978. 4) 등으로 이용되다가 지방자치제 실시에 따라 1991년부터 서울시의회 건물로 사용되고 있다.
　1945년 7월 24일, 대한애국청년당의 강윤국, 조문기, 류만수 세 청년의사(義士)는 친일파 박춘금이 주도하는 '아시아민족분격대회' 장

서울시의회로 사용중인 부민관

소인 부민관에서 폭탄을 터뜨렸다. 부민관 의거는 광복을 불과 20여 일 앞두고 일어났던 일제강점기 마지막 의열 투쟁이다.

17 회현동천

회현동천은 회현시범아파트와 회현동주민센터 근처 두 곳에서 발원한 물길이 회현역1번출구 인근에서 하나로 합쳐져 신세계백화점 옆으로 흐른다. 한국은행 앞 교차로 남쪽에서 중앙우체국 방향으로 길을 건넌 물길은 남대문로를 따라 북으로 흘러 삼각동 입구에 이르면 서쪽에서 흘러온 창동천을 만난다. 여기서부터는 창동천이 되어 청계천으로 흐른다.

회현동천의 한 갈래는 회현시범아파트 부근에서 발원하여 중구회현체육센터 앞을 지나 호텔렉스 앞으로 방향을 바꿔 회현역1번출구 앞으로 흐른다. 다른 물길은 회현동주민센터 인근에서 발원하여 북동 방향으로 흘러 회현역1번출구 앞에 이르러 동쪽에서 시작된 물길을 만나 합쳐진다.

어진 사람들이 살고, 열두 정승을 배출한 동네

물길 이름 '회현(會賢)'은 예로부터 이 일대에 어진 사람들이 많이 모여 살았다고 한 데서 유래하였다. 동편 물길의 발원지가 되는 회현제2시범아파트는 1970년 5월에 준공된 시민아파트다. 1개 동, 315가구의 10층짜리 이 아파트는 중앙난방시스템에 개별 수세식 화장실까지 갖춘 당시 초현대식 시설로 고위관료와 연예인들에게 인기를 끌었다. 산비탈에 세워진 아파트는 지형을 고려해 1층과 6층에 출입구를 둔 독특한 구조가 눈길을 끈다.

회현동주민센터의 서쪽에 자리 잡은 일신교회는 백사 이항복의 집터이다. 세월이 흘러 이곳의 새 주인은 이항복이 심은 두 그루의 회나무 아래에 정자를 짓고, '쌍회정'이라 이름 붙였다.

두 물길이 만나는 지점은 SK리더스뷰남산아파트 서쪽이다. SK아

① 회현시범아파트
② 회현동주민센터
③ 쌍회정터
④ 정광필집터 | 은행나무
⑤ 옛 제일은행
⑥ 신세계백화점
⑦ 상동교회
⑧ 한국은행화폐박물관
⑨ 포스트타워
⑩ 중국대사관
⑪ 한성소학교
⑫ 롯데영플라자 | 미도파
⑬ 롯데백화점
⑭ 구리개표지판
⑮ 한국전력공사서울본부
⑯ 도화서 표지석

회현시민아파트

파트와 우리은행 본점 사이에는 수령 520년이 넘은 것으로 추정되는 은행나무 두 그루가 있다. 우리은행 본점과 은행나무가 자리 잡은 곳은 조선 중종 때 11년간 영의정을 지낸 동래정씨 정광필(鄭光

회현시민아파트 동쪽 물길

쌍회정터에 자리한 교회

정광필집터

정광필집터 은행나무

弼, 1462~1538)의 집터였다. 이곳의 은행나무와 관련한 전설이 전해오고 있다.

어느 날, 정광필의 꿈에 신선이 나타나 "서대(犀帶, 무소뿔로 만든 귀한 허리띠) 열두 개를 은행나무에 걸게 되리라."는 말을 남기고, 홀연히 사라졌다고 한다. 이후 실제로 400여 년 동안 이 터에서 정유길, 정원용 등 12명의 정승이 배출되었다. 동래정씨 중 이 일대에 살던 정광필 가문을 이르러 '회동정씨'라 했다.

정광필의 집터는 훗날 벨기에영사관-요코하마 생명보험-일제 해군성 무관부 관저-미 해군 헌병대-우리은행본점 등 다양한 변화를 거쳤다.

민족정신 중심에 섰던 상동교회

하나 된 물길은 퇴계로를 건너 신세계백화점신관 뒤와 옛 제일은행 옆을 지나 신세계백화점본점과 서울중앙우체국 앞으로 흘렀다. 다시 북쪽으로 방향을 바꾼 물길은 남대문로 동편으로 흘렀고, 을지로입구역 북쪽 삼각동 입구에서 다동을 지나온 물길과 만나 창동천으로 흐른다.

옛 제일은행 본점의 전신은 조선저축은행으로, 1935년에 준공되었다. 1924년까지 본정경찰서가 있던 이 자리를 1931년 조선저축은행이 부지를 사들이고, 한반도 최초로 건물 설계안을 현상 공모하여 1935년 완공했다. 한국전쟁 당시 한국은행이 파괴되었을 때 7년여 동안 한국은행의 임시본관 역할을 맡기도 했다.

서쪽에 자리한 상동교회는 1893년 정식 교회로 승격되었고, 1895년 달성궁(현 한국은행) 한옥을 교회로 사용하다가, 1901년 상동병원이 있던 지금의 자리에 벽돌식 건물을 신축하여 이전했다. 전도사 전덕기는 1904년 상동청년학원을 설립하였고, 1905년 을사늑약이 체결되자 전덕기를 중심으로 조약무효투쟁을 벌였다. 1907년 '상동파'를 중심으로 신민회가 조직되었으나, 경술국치 직후 일제는 '105

신세계백화점과 옛 제일은행

인 사건'을 조작하고 신민회 회원들을 탄압했다. 이 사건의 후유증으로 1914년 전덕기가 사망하고, 상동청년학교도 폐교되었다.

이후 일제강점기 동안 상동교회는 명맥만 유지하다가 1944년 폐쇄되었고, 광복 후 다시 설립되었다. 한국전쟁으로 반파된 건물은 1977년 지상 12층짜리 빌딩으로 완공되어 6층까지는 새로나백화점이, 7층부터는 상동교회가 입주해 우리나라 최초의 기업선교 형태를 갖췄다. 1998년 4월 백화점은 도산으로 폐점하고, 현재는 새로나쇼핑으로 남아 있다.

상동교회

경제수탈의 중심이 된 금융거리

신세계백화점은 경성부 청사가 있던 자리에 1930년 미쓰코시(三越)백화점 경성지점으로 개장했고, 광복 후 미군PX 시기를 거쳐 1955년 조선방직이 인수하여 동화백화점이 되었다. 1962년 동방생명을 거쳐, 1963년 삼성그룹이 인수한 후 신세계백화점으로 이름을 바꾸었다.

길 건너 한국은행화폐박물관이 자리 잡은 르네상스 양식의 2층 석조건물은 1987년까지 한국은행 본점으로 사용되었다. 애초 이 건물은 1907년 일본제일은행 경성지점으로 설계되었으나, 첫 건물주는 일제강점기 식민지 중앙은행이던 '조선은행'이었다.

이에 앞서 1909년 대한제국 중앙은행으로 설립된 한국은행이 주인이 되지만, 1910년 경술국치로 인해 한국은행의 존재가 사라져 버렸다. 당시 한국은행은 조선통감부 주도로 설립되었고, 일본제일은행 경성지점이 하던 일을 그대로 넘겨받았다. 식민지 중앙은행인 조선은행 역시 한국은행에서 이름만 바꾼 것이다.

광복 후 1950년 한국은행법 제정에 따라 한국은행이 설치되기까지 조선은행으로 불렸다.

한국전쟁으로 인해 파괴되었던 건물은 1958년 복구된 후 1987년 신관이 준공되기까지 중앙은행으로 역할했다. 1981년 사적 제280호로 지정된 건물은 1989년 원형 복원작업을 마치고, 2001년 한국은행 창립 50주년을 맞아 화폐박물관으로 개관했다.

남대문로와 을지로에는 조선은행과 조선저축은행 외에도 금융기관들이 집중되었다. 1920년 명동에 경성주식현물취급시장(증권거래소 전신)이 개설되고, 조선식산은행과 동양척식주식회사 등 한반

한국은행화폐박물관

도를 수탈하기 위한 금융기관들이 모여들었다. 한편 금융기관과 밀접한 백화점이나 대기업도 이웃에 자리했다. 미쓰비시백화점 인근에 미나카이(三中井)백화점이 문을 열었고, 1928년에는 경성전기주식회사 본사 사옥이 완공되어 종로통에서 옮겨왔다.

경성우편국과 중국인, 일인들의 거리

2007년 문을 연 포스트타워는 1915년 3층 높이의 석조 건축물로 지어진 중앙우체국이 있던 자리다. 1884년에 생긴 우리나라 최초의 우편행정기관인 우정총국은 갑신정변으로 인해 바로 폐쇄되었다. 이후 1895년 세종로에 한성우체사가 설치되어 우편업무를 재개한다. 개항기에는 일본인들을 위한 우편사무를 취급하기 위해 인천 일본영사관 내에 우체국을 설치하고, '인천우편국 경성출장소'의 운영을 시작했다. 경성출장소는 1901년 3월 '경성우편국'으로 개편되었고,

중앙우체국 앞 초대우정총관 홍영식 동상

포스트타워

1915년 신청사를 건립했다. 르네상스풍의 석조건물은 한국전쟁 때 파괴되었다가 3층 건물로 복구, 1980년에 철거 후 신청사 건립, 그리고 2007년 지금의 포스트타워가 들어섰다.

중국대사관 자리는 원래 대원군 집권 시 포도대장 이경하의 집이었다. 1885년 대원군이 물러나고, 1889년부터 약 10년 동안 원세개가 이곳에 거주하며 조선의 내정에 간섭하던 곳이다. 이때 이 일대를 비롯하여 북창동과 관철동 일대가 중국인 전용거리가 되었다. 그러나 청일전쟁 이후 일인들이 중국인들을 몰아내고 본정통(本町通)이라 불렀다.

대한민국과 중국은 민간교류 허용 10여 년 만에 1990년 무역대표사무소 개설에 합의하였고, 1992년 수교의정서를 교환하고 정식 외교관계를 수립하여 대표부를 주한중국대사관으로 승격시켰다.

중국대사관

중국대사관 옆 한성소학교는 1909년 정식인가를 받고 설립된 대만계 화교학교로, 1902년 개교한 인천화교소학교에 이어 두 번째로 문을 연 화교학교다. 1950년대 건립된 학교 건물은 학교용지와 상업용지로 분할되어 재건축 중이다.

롯데타운과 변화하는 구리개

롯데영플라자는 2002년 롯데쇼핑에 인수되기 전까지는 미도파백화점이었다. 미도파는 1979년 롯데쇼핑이 설립되기 전까지 국내 백화점의 대명사이자 선두주자였다. 미도파백화점의 전신은 1921년 일본인이 충무로에 설립한 조지아(丁字屋)백화점으로, 1939년 9월 지금의 자리에 새로이 빌딩을 지어 이전했다.

　광복 후 1946년 조지아백화점은 중앙백화점으로 이름이 바뀌었

롯데영프라자와 롯데백화점

고, 1954년 대한부동산주식회사가 인수하면서 미도파백화점이 되었다. 미도파(美都波)라는 명칭은 메트로폴리탄(metropolitan)을 음차한 것이라고 한다.

미도파는 1969년 대농(회장 박용학)으로 넘어가면서 전성기를 맞이했다. 1973년 업계 최초 다점포 영업 실시, 1975년 국내 백화점 최초 기업공개(상장회사) 등 앞선 경영을 펼쳤지만, 모기업의 침체기와 신흥 유통전문 기업들의 거센 도전 등에 어려움을 겪었다. 1998년 결국 대농은 부도로 인해 공중 분해되었고, 미도파백화점은 1999년 법정관리 이후 공개 매각으로 2002년 롯데쇼핑에 인수되었다.

롯데백화점은 1923년 12월에 문을 연 조선총독부 도서관이 있던 남별궁 터 동쪽편 부지다. 1979년 롯데쇼핑주식회사가 설립된 지 한 달 만인 12월에 롯데쇼핑센터로 문을 열었다. 1988년 소공동 신관과 잠실점을 잇달아 열면서 롯데백화점으로 명칭을 바꾼다. 2003년에는 영플라자를, 2005년에는 해외패션전문관인 에비뉴엘의 문을 엶으로써 이 일대에 호텔을 포함해 롯데타운을 형성했다.

남대문로 길가에서 만나는 구리개표지판은 이 일대가 황토로 된 얕은 고개로, 땅이 질고 구릿빛이라 하여 이름 붙었음을 말한다. 을지로입구(을지로1가와 을지로2가 사이) 일대의 옛 지명인 구리개는 한자로 동현(銅峴)이며, 일제강점기에는 황금정(黃金町)이라 하였고, 광복 후 1946년 10월 일제식 동명을 우리말로 고칠 때 을지로가

구리개 표지판

되었다.

을지로입구역 6번출구 앞 한국전력공사서울본부는 1928년 경성전기주식회사 사옥으로 지어진 건물이다. 1923년 동경 대지진을 겪은 후 국내 최초로 내화·내진 설계를 적용한 건물로 원래 지하 1층, 지상 5층이었으나 광복 후 2개 층을 증축하였다. 이 건물은 근대건축물 보호·활용을 위한 등록문화재 1호로 지정되었으며, 등록문화재 제2호와 제3호는 구(舊)경기고등학교와 이화여고 심슨기념관이다.

한국전력공사서울본부

한편 한국전쟁 후 1961년 경성전기, 조선전업, 남선전기 통합으로 한국전력주식회사가 만들어졌고, 1982년 정부가 전액 출자하여 한국전력공사가 설립되었다.

을지로입구역 4번출구 근처에는 조선시대 궁중에서 필요로 하는 그림을 제작하거나 회원을 양성하던 기관인 도화서(圖畫署)가 있었다. 도화서의 대표적인 화원으로는 김홍도, 신윤복 등이 있다. 도화서의 도(圖)는 관원들의 복식이나 각종 물품의 실물 그림, 의례와 관련된 그림을 뜻하고, 화(畫)는 왕과 대신들의 초상화나 풍경을 그린 산수화 등을 의미한다. 특히 의궤에 그려진 그림은 조선시대의 문물제도를 이해할 수 있는 귀중한 자료이다.

서울중앙우체국 앞에서 남대문로를 따라 흐른 물길은 을지로입구역을 지나 코리아헤럴드교육센터 앞에서 창동천과 만나고, 창동천으로 삼각동을 지나 청계천으로 흘러든다.

18 남산동천

남산동천은 남산케이블카 탑승장 근처와 숭의여대 뒤편에서 발원한 두 물길이 퍼시픽호텔 앞에서 하나로 합쳐진다. 하나 된 물길은 퇴계로를 건너 명동10길을 따라 북으로 흐르다가 을지로를 건넌다. SKT타워 서쪽으로 흐른 물길은 창동천을 만나고 청계천한빛광장 앞을 지나 청계천으로 합류한다.

남산동천 물길 가운데 하나가 시작되는 남산케이블카 타는 곳 인근에서는 '漢陽公園(한양공원)'이라 새겨진 비석을 만날 수 있다. 한양공원은 일제가 1908년 남산 서북쪽 100만㎡를 영구 무상 임대받아 공원을 조성하기 시작하여 1910년에 문을 열었다. 공원 개장식 때 고종이 '한양공원'이라는 이름과 함께 글씨를 하사했다고 한다. 비석의 원래 자리는 남산3호터널 북쪽 출입구 근처였지만, 지금의 위치 인근에서 발견되었다.

남산 일대에 일제와 일본인을 위한 시설로 1897년 왜성대공원이

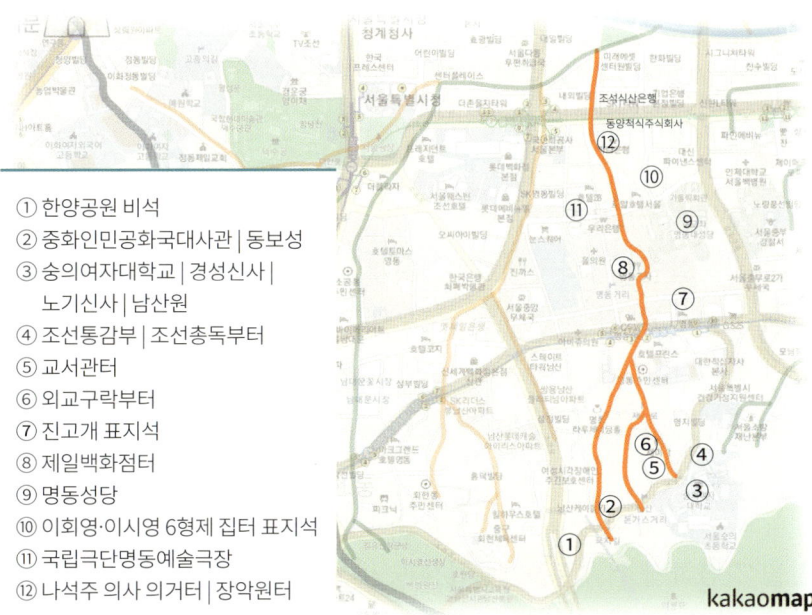

① 한양공원 비석
② 중화인민공화국대사관 | 동보성
③ 숭의여자대학교 | 경성신사 |
　 노기신사 | 남산원
④ 조선통감부 | 조선총독부터
⑤ 교서관터
⑥ 외교구락부터
⑦ 진고개 표지석
⑧ 제일백화점터
⑨ 명동성당
⑩ 이회영·이시영 6형제 집터 표지석
⑪ 국립극단명동예술극장
⑫ 나석주 의사 의거터 | 장악원터

한양공원 비석

자리 잡았고, 1910년 한양공원으로 확장되었다. 1918년 조선신궁을 건설하기 시작하면서 한양공원이 폐쇄되었으나, 1940년 다시 남산공원으로 지정되었다.

일제의 통치시설 난무한 남산

물길은 중화인민공화국대사관영사부 앞길을 따라 흐른다. 현재 중국대사관영사부가 자리한 곳은 오랫동안 중화요리식당 '동보성'이 있던 곳이다.

또 다른 물길은 숭의여자대학교 위에서 시작되어 숭의여대별관 앞을 흘러 퍼시픽호텔 앞에서 두 물길이 하나로 합쳐진다. 숭의여자대학교는 일제의 종교시설인 경성신사와 청일전쟁(1894~1895) 승전을 기념하기 위해 1899년 일제가 세운 갑오전역기념비가 있던 터이다. 경성신사는 1925년 조선신궁이 완공되기 전까지 일본제국주의가 국가제사를 지내던 곳이다.

숭의여대 옆 리라초등학교 안쪽에 자리한 사회복지법인 남산원은 일제가 러일전쟁을 승리로 이끈 노기 마레스케를 기렸던 노기신

숭의학원 경성신사터

남산원 노기신사터

조선통감부 조선총독부 터

김익상 의사 의거터

사가 있던 곳이다. 그러나 표석조차 없어 무심코 지나치기 쉬운 곳이다.

　숭의여대와 리라초등학교 앞쪽은 조선통감부(1907~1910)와 조선총독부(1910~1926) 청사가 있던 자리이다. 1921년 9월 12일 김익상 의사가 총독부에 잠입하여 폭탄을 터트린 곳이 바로 여기다. 1926년 조선총독부가 경복궁 흥례문 영역에 새 청사를 짓고 이전한 후 1927년 일제는 이곳에 은사기념과학관을 만들었다. 광복 이후 1946년 국립과학박물관이 자리 잡았고, 1948년 국립과학관으로 개편되었다. 한국전쟁 이후 1957년부터 1976년까지 KBS가 자리했고, 이후 국토통일원과 안기부가 사용하다가 1999년 5월부터 2018년 7월까지는 서울애니메이션센터로 사용되었다.

이름만 남고, 사라진 진고개

숭의여대별관 자리는 조선 초기부터 병자호란 이전까지 경서(經書)의 인쇄나 제사에 사용되는 향, 축문 등의 물품을 담당하던 교서관(校書館)이 있던 자리이다. 아래쪽 외교구락부는 현대에 정치·외교

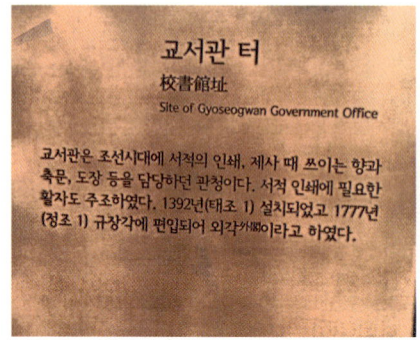
교서관터

외교구락부터

계의 인물들이 만나는 장소였다. 남산초등학교 자리는 인조반정 후 궁궐을 경호하던 호위청이 있던 곳이다.

두 물길은 퍼시픽호텔 앞에서 하나가 되었다. 퍼시픽호텔은 1975년 1등급 관광호텔로 문을 열었고, 전관 리노베이션한 후 2005년 특2급 호텔로 승격되었다.

명동역2번출구 앞에서 8번출구 옆으로 퇴계로를 건넌 물길은 굽은 뒷골목(명동10길 35-x)을 거쳐 명동길을 남에서 북으로 관통하며 흐른다. 세종호텔 뒤에서 동서로 이어지는 길은 지명이 바뀌기 전에는 충무로라 불렸다. 충무로의 옛 지명은 진고개로, 높지는 않으나 몹시 질어 다니기 힘들다 하여 진고개(泥峴)라는 이름이 붙었던 곳이다.

조선시대에 하급관료들이 많이 살았던 진고개 일대를 1895년(고

진고개 표지석

종32)과 1906년에 2.4m정도 높이를 낮추고 길을 닦아 도로를 만들면서, 직경 1.5m의 하수관을 묻었다. 이것이 서울 하수구의 시초라고 한다. 1920년대 일제가 이 일대를 번화가로 조성하는 과정에서 진고개는 깎여나가 평지가 되면서 고개가 사라졌다. 이후 충무로 또는 명동 등의 지명으로 불리며, 한동안 남아 있던 진고개라는 명칭은 기억에서 사라져 갔다.

제일백화점이 자리 잡았던 명동10길 동쪽의 굽은 골목을 따라 흐른 물길은 명동길을 북으로 건너 하나생명본사 빌딩 방향으로 흐른다. 명동길 동쪽에는 명동성당이, 서쪽에는 국립극단명동예술극장이 자리하고 있다. 명동성당 부근은 고갯길로 종현(鍾峴) 또는 북고개라 불렀기에, 명동성당을 종현교회라 부르기도 했다. 종현은 정유재란 때 명나라 장수 양호가 이곳에 진을 치고 남대문에 있는 종을

국립극단명동예술극장

가져다 매달아서 붙여진 이름이다.

이회영 6형제, 그리고 나석주

명동성당 북쪽 YWCA 인근에는 '이회영·이시영 6형제 집터'를 알리는 표지석이 있고, 멀지 않은 곳에 이회영의 흉상이 있다. 백사 이항복의 10대 후손인 우당 이회영 6형제는 전 재산을 처분하고 망명길에 올라 독립운동에 뛰어들었다. 이들은 신민회 활동, 독립군 양성, 신흥무관학교 설립 등 평생을 독립운동에 헌신했다.

국립극단명동예술극장은 1936년 일본인을 위한 위락시설로 만들어진 극장, '명치좌'이다. 광복 후 미 군정청 시기에 국제극장으로 재개관하였으나, 1947년 서울시가 인수해 시공관(市公館)으로 전환해 집회시설 또는 연극 등의 공연장소로 활용되었다. 전쟁 이후 1957

나석주 의사 상

나석주 의사 의거터

년부터는 국립극장과 공동으로 사용하다가, 1961년 시공관이 시민회관으로 이전하고 명동국립극장이 되었다.

이후 1973년 국립극장이 장충동으로 옮겨가고, 1975년 정부는 대한투자금융에 건물을 매각하였다. 이후 건물 철거소식이 전해지면서 1995년 건물 되찾기 운동이 벌어졌다. 이에 2003년 문화관광부가 매입하고, 복원공사를 거쳐 2009년 국립명동예술극장으로 재개관하게 되었다.

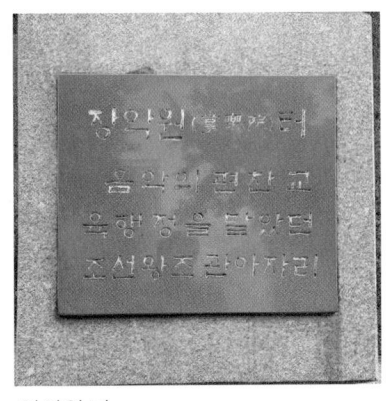
장악원 터

하나생명본사 빌딩 옆에는 나석주 의사의 상이 있다. 지금의 하나생명본사 빌딩은 옛 동양척식주식회사 자리다. 의열단원이었던 나석주 의사는 1926년 2월 28일 맞은편에 있던 조선식산은행에 폭탄을 던지고, 이어 동양척식주식회사로 뛰어들어 폭탄을 던졌으나 불발, 다시 일본 경찰을 사살한 후 총격전을 벌이다가 자결하였다.

한편, 이곳에는 조선시대 궁중 음악과 무용을 관장하던 장악원이 있었다. 장악원은 을사늑약 이후 장악과로 축소되었고, 1910년 국권피탈 후 아악대로 개면, 1913년 이왕직아악부로 다시 축소 개편되어 겨우 명맥만을 유지했다. 광복 직후 구왕궁아악부(舊王宮雅樂部)로 개칭되었다가, 1950년 1월 국립국악원이 설립되었다.

을지로를 건너 SKT빌딩 옆 을지로5길을 흐른 물길은 남대문로를 흘러온 창동천을 만나 이후 창동천으로 개천과 합류한다.

19 이전동천

이전동천은 다른 물길에 비해 길이가 짧은 것이 특징이다. 이전동천 역시 두 갈래 물길이 하나로 합쳐진 후 청계천으로 흐르는 물길이다. 다른 물길에 비해 길이가 짧은 탓에 이전동천은 옛 기록도, 실제 물길 흔적도 찾기가 쉽지 않다.

박현욱은 『서울의 옛 물길 옛 다리』에서 '죽전동 쪽 물길은 인제대학교서울백병원 부근에서, 이전동 쪽 물길은 중부경찰서 부근에서 발원하였을 것으로 추정된다. 이 두 물길은 중구 수표동 세한빌딩 부근에서 합류하여 현재 청소년회관길을 따라 흘러 개천 본류와 합류하였다.'고 쓰고 있다.

백병원 부근에서 발원한 죽전동 쪽 물길은 을지로와 수표동을 구분 짓는 삼일대로12길과 충무로9길을 따라 흐르고, 중부경찰서 인근에서 발원한 이전동 쪽 물길은 수표로를 흐르다가 중부경찰서앞 교차로에서 을지로12길을 따라 흐른다.

경찰서와 교회가 된 영희전

이전(履廛, 신발가게) 동쪽 물길이 시작되는 중부경찰서 인근은 조선 역대 임금의 영정 중 일부를 모시고, 제사를 지내던 영희전 자리다. 이곳은 원래 세조가 수양대군 시절에 살던 곳으로, 의경세자와 해양대군(예종), 의숙공주를 낳았다. 세조가 왕위를 찬탈한 후 이곳은 세조의 잠저가 되었으나, 딸 의숙공주가 결혼하자 하사하였다.

그 후 광해군 때 태조와 세조의

① 영희전터
② 백병원

영희전터

어진을 모시고 '남별전'이라 불렀다. 인조는 생부 원종(정원군)의 영정을 남별전에 봉안하고, '숭은전'이라 했고, 숙종은 전주 경기전에 있는 태조의 영정을 모사하여 이곳에 봉안하고 '영희전(永禧殿)'이라 했다. 이후 영조 때 숙종 어진, 정조 때 영조 어진, 철종 때 순조 어진을 봉안하였다.

1894년(고종31) 영희전에 제사를 지내기 위해 저동2가의 도로 폭을 확장했으나, 1900년에는 영희전에 모신 여섯 왕의 어진을 사도세자의 사당이었던 경모궁으로 옮겼다. 영희전을 옮긴 이유는 명례방(명동)에 성당 건립이 추진 중에 있었기 때문인데, 마침 그해에 '장조'로 추존된 사도세자의 신위가 종묘에 모셔져 경모궁이 비었기에 가능했다.

1900년 비어 있는 영희전에 영조의 잠저인 창의궁에 있던 의소세손의 의소묘와 문효세자의 문희묘를 옮겼다. 그러나 1908년 7월, 통감부에 의해 의소묘와 문효묘가 폐지되어 신위는 땅에 묻고, 영희전은 국가소유가 되었다.

1909년 일제의 통감정치 아래 의소묘와 문효묘 건물을 철거하고 본정경찰서가 들어섰다. 본정경찰서는 광복 후 1947년 중부경찰서로 명칭이 바뀌었고, 1982년 바로 옆에 새로운 청사를 신축하여 지금에 이른다. 중부경찰서 바로 옆에는 1945년 한경직 목사를 중심으로 한 북한 출신 기독교인들이 베다니전도교회를 세웠고, 이 교회는 1949년 영락교회로 이름을 바꾸며 그 영역을 넓혔다.

납북된 백병원 설립자, 백인제

죽전(竹廛, 대그릇가게) 동쪽의 물길이 시작되는 백병원의 정식 명칭은 인제대학교백병원이다. 1932년 경성의학전문학교 외과 주임 교수이던 백인제가 명동에 있던 우에무라(植村) 외과의원을 인수하고, 1940년 백인제외과의원을 개원한 것이 백병원의 시작이다. 1928년 일본 동경제국대학에서 의학박사 학위를 취득한 백인제는 1936년에 1년 6개월 동안 프랑스, 독일, 미국에 유학을 하였고, 당시 한반도 의술계의 제1인자로 손꼽히는 실력자였다.

광복 후 1946년 12월 우리나라 최초의 민립공익법인인 재단법인 백병원을 설립하였으며, 서울대학교 의과대학 외과 주임교수 및 서울의사회 초대회장을 지냈다. 한국전쟁 당시 백인제는 동생과 함께 납북되었다.

백인제는 한상용이 1913년 북촌에 세운 근대 한옥을 1944년 인수하여 살았다. 이 집은 본인 납북 이후 가족들이 살다가 2009년 서울시가 매입, 서울역사박물관이 관리하면서 일반에 개방하고 있다.

두 갈래로 나뉘어 흐르던 물길은 수표동 동쪽 끝자락 인근에서 하나로 합쳐진 뒤 을지로11길을 따라 북으로 흐르다가 청계천과 만난다.

이전동천 동쪽 물길 상류

이전동천 서쪽 물길 발원지 인근의 백병원

20 주자동천

주자동천은 '나는 새도 떨어뜨린다.'고 할 정도로 막강한 권력이자 공포의 대상이었던, 일명 '남산'의 서쪽 일원에서 발원한 물길이다. 주자동천이라는 명칭은 남산 리라초등학교 북쪽과 문학의집서울 인근에서 발원한 물길이 옛 주자소 인근을 지나서 붙은 이름이다.

　퇴계로를 건넌 물길은 남산스퀘어빌딩(구 극동빌딩) 옆을 흘러, 은막길과 인쇄소 가득한 초동길을 지나고 공구상가가 남아 있는 을지로15길을 따라 흐르다가 청계천을 만난다.

기억해야 할 역사터에서 시작된 물길

남산 문학의집서울 근처와 서쪽 리라초등학교 북쪽 일원에서 발원한 물길은 서울소방재난본부를 사이에 두고 흘러 하나의 물길로 합쳐진다. 문학의집서울은 1975년부터 1990년까지 중앙정보부장 공

① 문학의집서울
② 통감관저터 | 기억의터
③ 읍백당터
④ 남학당
⑤ 주자소 | 균역청터 |
　경성일출공립심상소학교터 |
　극동빌딩 | 남산스퀘어빌딩
⑥ 스카라극장터
⑦ 명보극장
(⋯) 중앙정보부 영역

옛 중앙정보부장 공관

관으로 사용되던 건물이고, 옆 건물은 경호원 숙소였다. 이 근처에서 발원한 물길은 곧장 북쪽으로 흘러내렸다.

문학의집서울 서쪽 리라초등학교 북쪽에서 흘러내린 물길은 서울소방재난본부(옛 안기부 서울시지부)를 휘감아 동쪽으로 흐르다가 문학의집서울 방향에서 시작된 물길과 마주친다. 주자파출소는 남산(중앙정보부 또는 안기부)으로 끌려간 이들의 소재 파악과 면회를 하기 위해서 찾아오던 곳이었으나, 실제로 이곳에서 면회가 이루어진 적은 없었다고 한다.

1961년 창설된 중앙정보부는 1980년 12월 31일자로 국가안전기획부로 확대, 개편되었다. 1994년 내곡동으로 이전한 후 1999년 국가정보원으로 이름을 바꾸어 오늘에 이른다.

물길의 동쪽으로 조금 떨어진 곳은 1910년 대한제국 총리대신인 이완용과 제3대 조선통감인 데라우치 마사타케가 한일강제병합조약을 체결한 조선통감 관저가 있던 곳으로, 이후 1939년까지 조선총독 관저로 사용되었다.

상류물길 합류지점   주자파출소 터

통감관저 터

　이곳에는 철종 때 문신 박영원이 세운 녹천정(綠泉亭)이라는 정자가 있었다. 지난 2010년 서울시가 이곳에 '통감관저 터' 대신에 '녹천정 터'라는 표석을 세우기로 하자, 시민단체들이 모금을 통해 '통감관저 터'라는 글씨를 새긴 표석을 제작·설치하였다.
　표석 옆에는 2016년 8월 29일 조성된 위안부 피해자들을 기리기 위한 추모공원인 '기억의 터'가 자리하고 있다. 이에 앞서 2015년 8월 22일에는 을사조약 체결을 이끈 하야시 곤스케(林權助) 동상의 좌대 판석 일부를 거꾸로 박아놓은 조형물이 들어섰다. 이는 치욕의 역사를 잊지 말자는 의미를 담고 있다.

자리 지킨 남학, 변화무쌍 주자소 터
읍백당 터 표지석이 있는 곳에서 물길은 골목길로 굽어 흐른다. 골목길을 따라 흐른 물길은 충무파출소 앞에서 퇴계로를 건너고, 극동빌딩으로 익숙한 남산스퀘어빌딩 동쪽으로 흐른다.

읍백당 터는 광해군 때 우의정·좌의정·영의정을 지낸 문신 박자응(朴自凝, 1589~1645)이 살았던 집터다. 아버지 박승종은 인목대비 폐모론에 적극 반대했던 인물이며, 형 박자흥은 광해군의 부원군이었다. 1623년 인조반정이 일어나자 아버지 박승종과 형 박자흥은 함께 자결했다. 박자응은 제주로 유배되었다가, 1628년(인조6)에 진도로 유배지를 옮겼다.

충무파출소 동쪽으로 조선시대 4부학당의 하나인 남학당이 있었다. 조선 초기에는 동서학당만 두었다가 곧 부(部)마다 학당을 두어 5부학당이 되었고, 1445년(세종27) 북부학당이 폐지된 이후 4부학당이라 하였다. 4부학당은 성균관에 들어가기 위한 예비학교 성격의 중등교육기관으로, 1411년(태종11) 예조참의 허조의 건의로 학당의 학제가 정비되었다. 4부학당 가운데 시설과 수준면에서 가장 앞섰던 남학은 임진왜란 때 불타 없어진 것을 광해군 때 중건하여 1894년(고종31)까지 지속되었다.

남학의 남쪽에는 조선시대 활자를 주조하고 도서의 출판을 담당하던 주자소(鑄字所)가 있었다. 1403년(태종3) 왕명에 의해 설치된 주자소는 1435년(세종17) 경복궁 내로 이전, 1460년(세조6) 교서관(校書館)에 병합, 1794년(정조18) 감인소(監印所) 설치 및 주자소 분리, 1796년(정조20) 감인소를 주자소로 개칭하였다.

읍백당터

주자소 터에는 1751년(영조27) 균역법 시행을 담당했던 균역청이 설치되었으나 1753년(영조27) 균역청이 선혜청에 통합되면서 선혜

주자소터

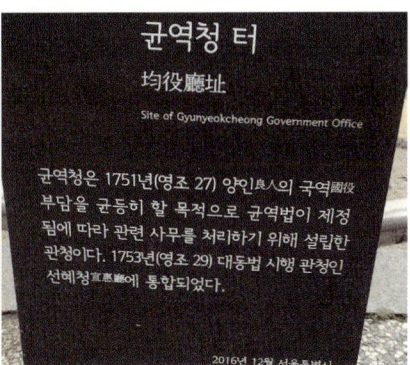
균역청터

청 창고로 사용되었다. 1882년(고종19) 임오군란을 일으킨 군인들이 이곳 선혜청 창고에 쌓여 있던 곡식을 분배하기도 했다.

1889년 주자소 터에 일본인 2세를 위한 경성일출공립심상소학교가 설립되었고, 비운의 삶을 살았던 덕혜옹주도 이 학교를 다녔다. 광복 후 일신국민학교로 개명되었고, 1973년 2월 폐교되었다. 이후 이곳은 재개발되어 업무용빌딩이 들어섰고, 오랫동안 극동빌딩이라 불렸다. 이후 여러 차례 주인이 바뀌었고, 지금은 남산스퀘어빌딩이라 불린다.

일신국민학교터

전설이 되어버린 영화의 거리

남산스퀘어빌딩 동쪽 길을 따라 흐르던 물길은 충무로 영화의 거리와 만난다. 충무로가 우리 영화산업을 대표하는 '영화의 거리'가 된 이유는 오랜 전통 때문이다.

일제강점기 춘사 나운규를 비롯한 영화인들이 종로에 비해 비교적 땅값이 싼 충무로에 영화제작사를 차린 것이 그 시작이다. 광복 후 1950년대 말 충무로3가에 영화사가 모여들면서 충무로는 한국영화를 상징하는 단어가 되었다. 1960~1970년대 이후 충무로는 '은막길'이라는 별칭으로 불릴 정도로, 영화인들이 모여들었다. 다방은 다방대로, 여관은 여관대로 저마다의 특색을 띠었고, 감독·배우·기자들로 넘쳐나며 활기를 띠었다. 1990년대 이후 충무로는 침체기에 들어섰다.

2005년 하룻밤 사이에 사라져버린 스카라극장도 은막길 인근에 있었다. 이 극장은 1935년 일본인에 의해 '약초좌(若草座)'로 설립되었고, 광복 후 수도극장으로 이름이 바뀌었다. 이후 1955년 외화전

스카라극장 터

명보아트홀

문극장인 스카라극장으로 재개관하여 충무로 영화전성시대와 함께 했다. 그러나 2005년 문화재청이 건축물에 대해 근대문화유산 등록을 예고하자, 건물주가 하룻밤 사이에 기습적으로 철거하여 사라져 버렸다. 지금 그 자리에는 아시아미디어타워가 자리하고 있다.

엉뚱한 곳에 놓인 이순신장군 생가터 표지석

스카라극장에서 멀지 않은 곳에 명보극장이 있었다. 1957년 문을 연 명보극장은 당시 서울의 8개 극장 중 국도극장, 국제극장과 더불어 한국영화전용관이었으나, 1970년부터 외국영화를 함께 상영하였다. 2000년대 들어 대형복합상영관의 등장으로 어려움을 겪은 후, 2004년 제한상영관이라는 새로운 시도를 했으나 2008년 문을 닫았다.

지금은 신영균예술문화재단에서 복합문화공간인 명보아트홀을 운영하고 있다. 극장 앞에는 이순신생가 터 표지석이 서 있지만, 실제 생가터는 필동천이 흐르는 인현동에 있다.

영화인들로 북적이던 골목을 지난 물길은 명보극장 뒤편 인쇄골목(을지로16길)을 흘러 을지로를 북으로 건넌다. 철 가공공장이 늘어선 길(을지로15길)은 근현대건축물 전시장을 방불케 한다.

일제강점기 당시의 흔적을 비롯해 한때 이명래고약의 본사로 쓰였던 건물도 아직은 남아 있지만, 조만간 사라질 운명에 처해 있다. 길의 북쪽 끝에는 세운재정비촉진지구라는 명칭으로 재개발사업이 진행되고 있다. 여기까지 흘러온 주자동천 물길은 하랑교 동쪽에서 청계천으로 흘러든다.

21 필동천

필동천은 남산골한옥마을을 품고 있는 남산골공원에서
발원한 두 갈래 물길이 충무로역교차로 남쪽에서 만나 하나의
물길이 된다. 충무로를 건넌 물길은 샘표식품 본사 빌딩
뒷길을 따라 흐르기 시작해 인현동 인쇄골목을 통과하여
대림상가 근처에서 생민동천과 만난 후 개천으로 합류한다.

필동천이 발원한 남산골공원 지역은 조선시대 남산골 풍류의 중심지였고, 천우각(泉雨閣)이 있는 자리는 청학이 노닐었다 하여 청학동(靑鶴洞)이라 불렸다. 이 지역은 1730년(영조6) 창설된 남별영(南別營)이 있던 곳이다. 남별영은 조선시대 국왕 호위와 수도방어의 임무를 맡았던 금위영(禁衛營)의 분영(分營)이다.

조선헌병대·수경사가 주둔하던 남별영터

일제강점기에는 조선헌병대사령부가 주둔했다. 한반도에 주둔한 일본군은 한국주차군(1904~1910), 조선주차군(1910~1918), 조선군(1918~1945.1), 제17방면군(1945.1~1945.8)으로 그 명칭이 바뀌었다. 조선군은 1916년 일본 제국의회가 한반도에 군대를 상주시키기로 결정하면서 시작되었다. 용산에 자리 잡은 조선군사령부는 3.1운동을 무력으로 진압하였고, 필동에는 조선헌병대사령부가 주둔했다. 광복 후 1962년부터 수도경비사령부가 위치하다가, 1992년 남태령으로 이전했다.

① 남산골한옥마을 | 조선헌병대사령부
② 남산충정사
③ 정무총감관저
④ 이순신생가터

　1998년 조성된 남산골공원은 친일파 윤덕영, 윤택영, 민영휘 가옥을 포함한 한옥 5채로 이뤄진 남산골한옥마을과 서울남산국악당, 새천년타임캡슐 광장 등으로 구성되어 있다.

　남산골공원 서북쪽에 있는 남산충정사는 1980년 당시 제8대 사령관이던 노태우의 제의로 공사를 시작하고, 제9대 사령관 박세직 시절에 준공한 수도경비사령부 안의 절이다. 수경사는 이전했지만 충정사는 남았고, 1995년 지금의 자리로 이전했다.

　물길의 또 다른 발원지가 되는 남산골한옥마을 동북쪽 담을 함께 사용하는 한국의집은 조선전기 집현전 학자이자 사육신(死六臣)의 한 사람인 박팽년(1417~1456)의 집터였다.

　일제강점기에는 조선총독부 제2인자인 정무총감의 관저가 있던 자리다. 정무총감은 조선 총독 바로 아래에서 군사통수권을 제외한

필동천 211

정무총감관저터   박팽년집터

행정·사법을 통괄하던 직책이다. 광복 후 영빈관으로 사용되다가, 1981년 대목장 신응수가 경복궁 자경전 모습으로 새로 지은 후 한국의집으로 재개관하였다.

물길 이름이 된 필동에 얽힌 이야기

물길 이름이 된 필동은 남부 관청이 있었기에 부동(部洞)이라 하였는데, 부동 > 붓골(같은 음 사용) > 필동(한자 표기)으로 바뀌게 되었다고 전한다. 필동에는 부러진 붓 때문에 과거에 낙방하고 스스로 목숨을 끊은 선비에 대한 안타까운 이야기가 전설처럼 전해지고 있다.

옛날에 이 지역에 한 가난한 선비가 살고 있었다. 어릴 때부터 신동으로 칭찬이 자자했던 마음 착한 선비에게 사람들은 마을을 위해 큰 인물이 되기를 바랐다. 그런데 선비의 집이 너무 가난했기에 붓을 살 돈조차 없어 나무를 깎고 짐승의 털을 붙여 글씨를 썼다. 과거가 다가오자, 선비는 이번에도 정성껏 나무를 깎고 짐승의 털로 붓을 만들어 채비하였다. 마을 사람들은 잔치를 마련하여 대접하면서, 과거에 급제할 것을 당부했다. 선비는 마을 사람들의 기대를 한 몸에 받으며 과거를 치렀지만, 갑자기 붓이 부러지는 바람에 낙방했다. 마을 사람들을 볼 면목이 없었던 선비는 그만 목숨을 끊고 말았다.

이 소식을 들은 마을 사람들은 너무나 안타까운 마음에 튼튼한 붓을 만들기 시작하였다. 이 마을의 붓이 좋다는 소문이 나면서 선비들이 붓을 사기 위해 찾아오기 시작했고, 이런 연유로 필동이 되었다는 이야기가 전한다.

학자들이 고증한 이순신생가 터

남산골공원 남서쪽에서 발원한 물길은 남산충정사를 끼고 돌아 남산한옥마을 정문 앞으로 흐르고, 동쪽에서 시작되어 한국의집 진입로 방향으로 흐른 물길은 충무로역교차로에서 만난다. 하나 된 물길은 샘표본사 빌딩 뒷길(퇴계로37길)을 지나 인쇄소 가득한 길(마른내로4길)을 흐른다.

마른내로를 북으로 건넌 물길은 인현동인쇄골목(을지로18길)을 흐르다가 충무공이순신생가 터를 만난다. 인현동 신도빌딩 기둥에는 2017년 4월 27일 역사학자들의 고증으로 추정한 생가 터임을 알리는 주물로 만든 안내판이 붙어 있다.

을지로를 건넌 물길은 대림상가 서남쪽에 자연스레 삼각형 모양의 지형을 만들고, 대림상가 인근에 이르러 진양상가 근처에서 시작되어 흘러온 생민동천을 받아들인 후 청계천으로 흘러든다.

22 생민동천

생민동천은 남산 아래 생민동, 지금의 진양상가 인근에서 발원하여 북으로 흐르다가 베스트웨스턴호텔국도 서쪽을 지나 대림상가 인근에서 필동천과 만난 후 청계천으로 흘러든다.

박현욱은 『서울의 옛 물길 옛 다리』에서 『준천사실』과 『한경지략』의 내용을 설명하면서, '그러나 이곳은 너무 많이 변하여 옛 물길의 흔적을 찾기가 어렵다.'고 쓰고 있다. 실제로 답사를 통해 물길을 확정 짓기 어렵고, 헷갈리는 곳이다.

잦은 변화로 흔적 찾기 어려운 물길

종묘 앞에서 시작된 세운상가 건물 8동은 1967년부터 1971년 사이에 완공되었다. 세운상가 군의 남쪽 끝에 자리한 진양상가는 17층 규모의 주상복합건물이다. 세운상가 군이 들어선 곳은 일제강점기 경성의 소개지(疏開地)였다.

　1945년 3월 10일 미군의 대대적인 공습으로 도쿄 전역이 화재에 휩싸인 이후 일제는 경성에 도시의 일부 공간을 비워 공터를 만드는 소개(疏開)를 실시했다. 당시 만들어진 20여 개의 소개공지와 도로 가운데 하나가 종묘에서 필동으로 이어지는 구간이었다.

　한국전쟁이 끝난 뒤 이곳에는 무허가 판잣집이 생겨나기 시작했고, 대규모의 사창가가 들어섰다. 1966년 7월 김현옥 서울시장이 기습적으로 무허가 건물을 철거하고, 세운상가 군을 건설한 것이다.

　진양상가 남쪽 마른내길 일대는 인현동이다. 인현동의 동명은 선조의 일곱째 아들 인성군 영(瑛)이 살았기에 붙은 이름으로, 인성군의 집이 있는 고개라는 의미이며 한자로는 인현(仁峴)이라 하였다.

　진양상가 북쪽에는 신성상가가 건설되었다. 신성상가는 2010년 이 지역의 동명을 따서 인현상가로 이름을 바꾸었다. 신성상가 일

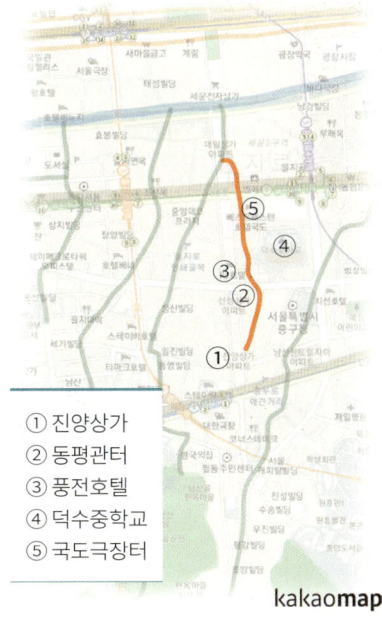

① 진양상가
② 동평관터
③ 풍전호텔
④ 덕수중학교
⑤ 국도극장터

생민동천 상류

인현상가   풍전호텔

대는 조선 전기 일본 사신이 머물던 동평관(東平館)이 있었다. 임진왜란 이후 일본 사절의 상경을 불허하면서 동평관은 폐쇄되었다.

동평관에서 국도극장, 풍전나이트까지

신성상가 북쪽, 마른내길 건너편에는 풍전호텔이 들어섰다. 풍전호텔은 풍전산업이 건설을 맡은 10층 규모의 건물을 활용하여, 1975년 1급 관광호텔로 개관했다. 호텔과 함께 풍전나이트도 한 시절을 풍미한 것으로 유명하다. 풍전호텔은 2007년 전면적인 리모델링을 마친 후 호텔PJ로 영업을 하고 있다.

호텔PJ 동쪽에는 덕수중학교가 자리하고 있다. 1910년 수하동실업보습학교로 문을 열었고, 광복 후 1947년 덕수상업학교, 1951년 학제 개편으로 중·고교 분리할 때 동대문중학교, 1953년 덕수중학교, 1990년 지금의 장소로 교사 신축이전 등의 변화를 거쳐 오늘에 이른다.

국도극장

사라지는 국도극장 옆 물길

물길 흔적

베스트웨스턴호텔국도가 들어선 자리에는 1999년까지 국도극장이 있었다. 1913년 황금연예관으로 개관, 1936년 황금좌, 광복 후 1948년 국도극장, 1999년 철거 등의 과정을 거쳐, 현재 지하 7층·지상 22층 규모의 국도호텔이 들어섰다.

국도극장 서쪽으로 흐르던 물길은 을지로를 건너 대림상가 옆에서 필동천에 합류한 뒤 청계천으로 흘러든다.

23 묵사동천

묵사동천은 먹골에서 발원한 물길로 필동로와 퇴계로44길을 따라 흐르다가 퇴계로를 건너 중구청사와 나란히, 즉 북동 방향으로 비스듬히 흐른다. 중부건어물시장을 관통한 물길은 을지로를 건너 방산시장을 지나 청계천으로 흘러든다.

남산의 깊은 골에서 시작된 묵사동천 물길은 크게 두 갈래로 흘러내렸다. 물길은 각각 중구노인요양센터와 노인정 앞으로 흘러내려 필동로66 앞에서 하나로 합쳐진다. 하나 된 물길은 필동로를 따라 길게 흘러내리다가 필동면옥 서쪽으로 흘렀다.

풍양조씨 세거지에 자리한 노인정

묵사동천이라는 이름은 예전 이곳 주변에 묵사(墨寺)라는 절이 있어서 유래되었다고 한다. 묵사에서 먹을 만들어 시전에 내다 팔았기에 먹절이라 하였고, 이로 인해 이 일대는 먹적골·먹절골·묵사동·묵동

등으로 불리면서 물길 이름도 묵사동천이 되었다.

동쪽 물길은 중구노인요양센터 위쪽에서 시작되어 흘러내리다가 주변의 작은 물길들이 합쳐져 필동로를 흐른다. 서쪽 물길은 필동족구장 옆으로 흘러내리는데, 족구장 앞쪽에는 '노인정 터' 표지석이 자리하고 있다.

노인정(老人亭)은 신정왕후의 아버지이자, 조선 후기 풍양조씨 세도정치의 중심인물인 조만영(1776~1846)이 세운 정자이다. 노인정이라는 명칭은 남쪽 하늘의 별자리인 남극성(南極星)의 다른 이름인 노인성(老人星)에서 유래되었다고 한다. 또는 만년의 조만영이 이 정자에서 교류하던 이들이 늙은 관료들이었기에 노인정이라 했다는 유래가 전해지기도 한다.

노인정 인근 바위에는 '조씨노기(趙氏老基)'라는 글자가 새겨져 있어, 이곳이 풍양조씨의 세거지임을 말하고 있다.

① 중구노인요양센터
② 노인정터
③ 유성룡집터
④ 오장동냉면골목
⑤ 중부시장
⑥ 방산시장
⑦ 염초청터

노인정 인근 바위에 새겨진 조씨노기(趙氏老基)   노인정터

　한편 노인정은 1894년(고종31) 일본의 강요에 의해 내정개혁 문제에 대한 협상이 진행된 곳이기도 하다. 7월 10일부터 3차에 걸친 노인정에서의 협상 결과, 조선이 일제의 내정간섭 안을 거부하자, 일제는 7월 23일 경복궁 점령과 군대의 무장해제에 이어 청일전쟁을 시작하였다.
　필동로를 흘러내린 물길은 동북으로 방향을 틀었다가 다시 필동면옥 서쪽을 따라 북으로 흐른다. 물길이 퇴계로와 만나는 곳은 서애 유성룡의 집터다. 16살에 향시에 합격할 정도로 뛰어났던 유성룡은 25살의 나이로 문과시험에 급제하여 일찍이 등용되었다. 임진왜란이 일어나기 전에 이순신과 권율을 천거했던 유성룡은 임진왜란 당시 호서, 호남, 영남을 관장하는 삼도 도체찰사(都體察使)를 맡아 군사업무를 맡았다.

모함으로 관직에서 물러난 후 고향 하회마을에서 『징비록』을 집필했다. 청렴하고 정직한 삶을 살았기에, '조선의 5대 명재상' 가운데 한 사람으로 꼽힌다. 조선의 5대 명재상은 유성룡을 비롯해 황희, 이원익, 김육, 채제공을 꼽는다.

유성룡집터

실향민이 만든 오장동냉면거리와 중부시장

퇴계로를 건넌 물길은 중구청 건물이 들어선 방향으로 비스듬히 북동으로 흘렀음을 눈으로 확인할 수 있다. 중구청 인근의 건물들 역시 중구청사와 나란한 방향으로 자리를 잡고 있어, 이곳을 지나는 물길의 흐름을 알 수 있게 해준다.

그러나 박현욱의 『서울의 옛 물길 옛 다리』에 따르면 퇴계로를 건넌 물길은 뒷골목을 따라 동쪽으로 흐르다가 큰길을 건너 북으로 방향을 틀어 흘렀다. 박현욱의 연구 내용과 실제로 확인 가능한 물길 흔적의 차이는 물길의 변화와 더불어 큰 물길 사이사이로 작은 물길들이 흘렀기 때문이라 생각된다.

중구청교차로 동쪽 마른내길이 지나는 곳의 지명은 오장동이다. 옛날 이곳에 5명의 장사가 살아서 '오장샛골'이라 부른 것에서 동명이 유래되었고, 오장샛골을 한자로 옮긴 것이 오장동이다.

오장동함흥냉면 거리는 한국전쟁 이후 이곳에 정착한 함경도 출신 피난민들을 중심으로 조성되었다.

오장동냉면거리 북쪽에 자리한 건어물 전문 재래시장인 중부시장

마주보고 있는 중부건어물시장과 오장동냉면골목

은 1957년 개설되었다. 서울에서 가장 큰 건어물도매시장인 중부시장 상인 대부분도 함경도 출신이다.

중부시장 북쪽 을지로 건너편은 방산종합시장이다. 방산시장은 '종합포장인쇄타운'을 내세운 포장지 인쇄 및 각종 포장 관련 전문시장이다. 방산시장의 이름은 1760년대 개천을 준천하면서 개천 바닥을 파낸 흙을 쌓아두면서 주변에 꽃을 심었는데, 그 향기가 아름답다 하여 이 일대를 방산동(芳山洞)이라 한 것에서 유래되었다.

묵사동천이 청계천과 만나기 직전 일대는 조선시대 화약을 제조하던 염초청(焰硝廳) 터다. 임진왜란 때 설치된 염초청은 1868년 훈련도감 소속의 하도감(下都監)으로 이전할 때까지 이곳에 있었다. 1881년 하도감은 다른 곳으로 이전하였고, 1882년(고종19) 임오군란으로 하도감과 염초청은 폐지되었다.

중부건어물시장

방산시장을 북으로 흐른 묵사동천 물길은 옛 염초청 터를 지나 청계천으로 흘러든다.

방산시장

24 쌍이문동천

쌍이문동천은 동국대전산원 인근에서 발원한 물길로
충무초등학교 앞을 지나 퇴계로를 건너 뒷골목에서 동쪽으로,
다시 북동쪽으로 물길의 방향을 바꾸어 흐른다. 을지로를 건넌
물길은 훈련원의 한가운데(훈련원공원과 국립중앙의료원
사이길)를 흘러 청계천과 만난다. 쌍이문동천과 청계천의
합수지점 건너편은 흥덕동천이 청계천으로 흘러드는
합수점이다.

쌍이문동천은 마을 입구에 도적을 경비하던 이문(里門)이 있었던 데서 그 명칭이 유래되었다. 물길이 시작되는 동네 이름은 묵정동(墨井洞)이다. 동 이름이 묵정동인 것은 동네에 있던 매우 깊은 우물 때문이다. 우물이 늘 시꺼멓게 보였기에 감정우물(검정우물) 또는 오정(烏井)이라 불렸는데, 이것이 묵정동의 유래가 된 것이다.

당대의 문장가들이 모이던 東園

동국대학교전산원 서쪽 학림관 앞에는 '동악선생시단(東岳先生詩壇)'이라는 각자바위가 있었음을 알리는 표석이 있다. 동악은 먹절골(묵정동) 일대에 살았던, 인조 때 문신인 이안눌(李安訥, 1571~1637)의 호다. 이안눌은 이곳에서 정철의 제자였던 권필을 비롯해 이호민, 홍서봉, 윤근수 등 당대의 최고 문인이자 관료들과 함께 시를 나누며 교류했다. 이들의 모임이 열렸던 곳을 동원(東園), 모임을 갖던 동원의 누각을 시루(詩樓), 시루가 있던 높은 터를 시단(詩壇)이라 불렀다.

이안눌의 4대손인 이주진은 이 시단의 의미를 기리고자, 1700년대에 동원 마루턱에 있는 바위에 '동악선생시단'이라는 글자를 새겼다. 1984년 동국대학교에서 고시학관을 지을 때 이 각자바위를 그대

① 동악선생시단
② 동국대전산원
③ 충무초등학교
④ 훈련원공원
⑤ 국립중앙의료원
⑥ 미군극동공병단부지
⑦ 전태일다리
⎯ 훈련원영역

로 '시루'자리(학생회관 옆)로 옮기려 했으나, 쪼개지는 바람에 그 조각들을 모아 박물관에 보관중이다. 대신 1987년 8월, 각자바위가 있던 곳에 표석을 세웠다.

물길이 시작되는 곳에 자리한 동국대전산원은 동국대전산원은 1975년 국내 대학에서 처음으로 동국대가 전산전문 인력 양성을 위해 설립한 2년제 과정이다. 전산원은 1998년 학점은행제 시행교육기관 지정, 2002년 학사3년 과정을 거쳐 지금은 4년제 학사학위 취득 과정으로 운영되고 있다.

물길 서쪽에 자리 잡은 제일병원은 일제강점기 전매국 인쇄공장 자리다. 광복 후 국유지가 되었고, 그 후 민간인에게 불하되었다가, 1963년 12월 9일 제일병원이 설립되었다.

물길 동쪽에는 1959년 4월 8일 서울묵정국민학교로 개교 후 불과 이틀만인 4월 10일 서울충무국민학교로 이름을 바꾼 학교가 자리 잡고 있다. 1972년에는 폐교된 을지초등학교 학생(661명)을 인수하였고, 1996년 서울충무초등학교로 교명을 바꾸었다.

충무초교 앞을 지나 퇴계로를 건넌 물길은 뒷골목에서 동쪽으로 방향을 바꾸고 마른내로 오장동교차로에서, 다시 북동쪽으로 흐른다. 을지로를 건넌 물길은 훈련원공원과 국립중앙의료원 사이로 흐른다.

파란만장 훈련원 터의 변화

을지로5가교차로에서 동대문역사문화공원사거리 사이의 을지로 북쪽과 청계천 남쪽 일대는 조선시대 군사들의 무술훈련과 무과시험 등을 맡아하던 훈련원이 있었다. 1392년(태조1) 훈련관이 설치되었고, 태종 때 지금의 장소로 옮겨왔으며, 1466년(세조12) 훈련원으로 명칭이 바뀌었다. 태종 때 이곳으로 옮겨온 후 훈련원청사 남쪽에 연

자루라는 사청(射廳)을 지었다. 사청에서는 무과시험이 있을 때 훈련원 관원이 화살을 나눠주기도 했다. 훈련원과 담을 이웃한 곳에는 화약류를 제조·저장하던 염초청이 있었다.

1882년(고종19) 임오군란 진압을 위해 파견된 청나라 오장경의 공적을 기리기 위한 오장무공사(吳壯武公祠)가 훈련원 안에 세워지기도 했다. 1907년 한일신협약(정미칠조약)에 의해 대한제국 군대가 해산됨에 따라 훈련원도 해산되었다.

훈련원 해산 뒤 이곳은 경성사범학교, 서울대학교사범대학, 농업협동조합중앙회, 미군극동공병단기지, 헌법재판소, 서울시시설관리공단주차장 등으로 사용되었다.

훈련원공원 안에 우뚝 서 있는 동상은 문숙공(文肅公) 윤관 장군이다. 윤관은 고려시대 북진정책에 따라 여진족을 정벌하고, 동북지방에 9성을 쌓고 영토를 확장하는 큰 공을 세운 인물이다.

윤관 장군 동상은 1980년 경제단체와 파평윤씨대종회에서 윤관의 호국정신과 애국충정을 기리고자 서소문공원에 건립하였다. 그러나 2016년 서소문공원이 재조성될 때 이곳 훈련원공원으로 이전했다.

공원 한쪽에서는 시비(詩碑)를 만날 수 있다. 훈련원공원 안에 시비가 세워진 연유는 시인 박웅진이 공군사관학교 출신이라는 이력

훈련원공원 윤관 장군 동상

에서 찾을 수 있겠다. 박웅진은 공군사관학교 졸업 후 경영학박사와 문학박사 학위를 취득하고, 문학평론가로 활동했다.

국립중앙의료원, 그리고 미군공병단

훈련원공원 동쪽에 자리한 국립중앙의료원은 한국정부가 국제연합한국재건단(UNKRA), 그리고 스칸디나비아3국(덴마크. 노르웨이, 스웨덴)에 의료지원을 요청한 것이 그 시초가 되었다. 1956년 3주체가 서울에 의료원을 설치하기로 합의하고, 1958년 10월 국립의료원의 문을 열었다.

1968년 스칸디나비아 의료단이 완전철수하면서, 병원의 운영권을 대한민국 정부에 이양하였다. 1980년 8월부터 1983년까지 3년에 걸쳐 병원 증·개축 공사를 했고, 2010년 국립의료원은 국립중앙의

훈련원터에 건립된 국립중앙의료원   국립중앙의료원 합동건설기념비

료원으로 명칭이 바뀌었다. 2015년에는 스칸디나비아 기념관의 문을 열었다.

한편 2020년 4월 말, 당시 박원순 서울시장은 건물과 시설이 낡은 국립중앙의료원을 국방부 소유의 미군공병단 부지로 신축 이전하자는 제안을 했다. 미군극동공병단 부지는 당초 서울대사범대학부속초등학교가 있었으나, 한국전쟁 기간에 주한미군에 징발되었다. 2008년 미군기지의 평택 이전이 결정될 때 이곳도 반환한다는 계획이 발표되었고, 이후 국방부 소유가 된 상태다.

훈련원공원 북쪽 미군공병대 흔적이 남은 곳을 따라 북으로 물길을 따라 걷자면 머지않아 건물에 가로막힌다. 물길이 청계천과 만나는 곳은 청계천헌책방거리이고, 바로 옆 골목 입구는 전태일이 근로기준법 준수를 요구하며 분신한 장소이다.

전태일이 분신한 평화시장 앞에는 2003년 전태일의 흉상이 세워졌고, 2010년 버들다리는 전태일다리라는 새로운 이름을 갖게 되었다.

미군극동공병단 동쪽을 흐른 묵사동천

25 남소문동천

남소문 부근에서 발원한 남소문동천의 물길은 국립극장 앞 큰길을 따라 흐르다가 장충단에서 그 모습을 드러낸다. 이후 퇴계로와 만나기 전까지는 큰길 서쪽 골목길을 따라 흐르다가 퇴계로와 마주치면서 물길은 두 갈래로 나뉜다.

   서쪽으로 흐르는 물길은 광희빌딩 옆과 국립중앙의료원 동쪽으로 흘러 전태일다리 인근에서 청계천으로 흘러든다. 한편, 동쪽으로 갈라진 주요 물길은 큰길을 따라 흘러 이간수문을 통해 한양도성을 빠져나간 후 서울지방경찰청기동본부 담을 따라 흐르다가 청계천과 합류한다.

   남소문동천의 발원지 인근에 있는 남소문은 1457년(세조3) 설치되었다. 당시 도성에서 한강나루를 통하여 남쪽으로 가기 위해서는 시구문을 통해야 했는데, 거리가 멀고 불편하였기 때문에 남소문을 설치한 것이다.

① 남소문터
② 자유총연맹
③ 반얀트리
④ 국립극장
⑤ 3.1독립운동기념탑
⑥ 유관순열사 동상
⑦ 남산 1, 2호 터널
⑧ 남소영
⑨ 수표교
⑩ 박문사터
⑪ 장충체육관
⑫ 광희동중앙아시아거리
⑬ 광희문
⑭ 이간수문
▭ 장충단 영역
▭ 훈련원영역 l 하도감터 l
　훈련원대운동장 l 경성운동장

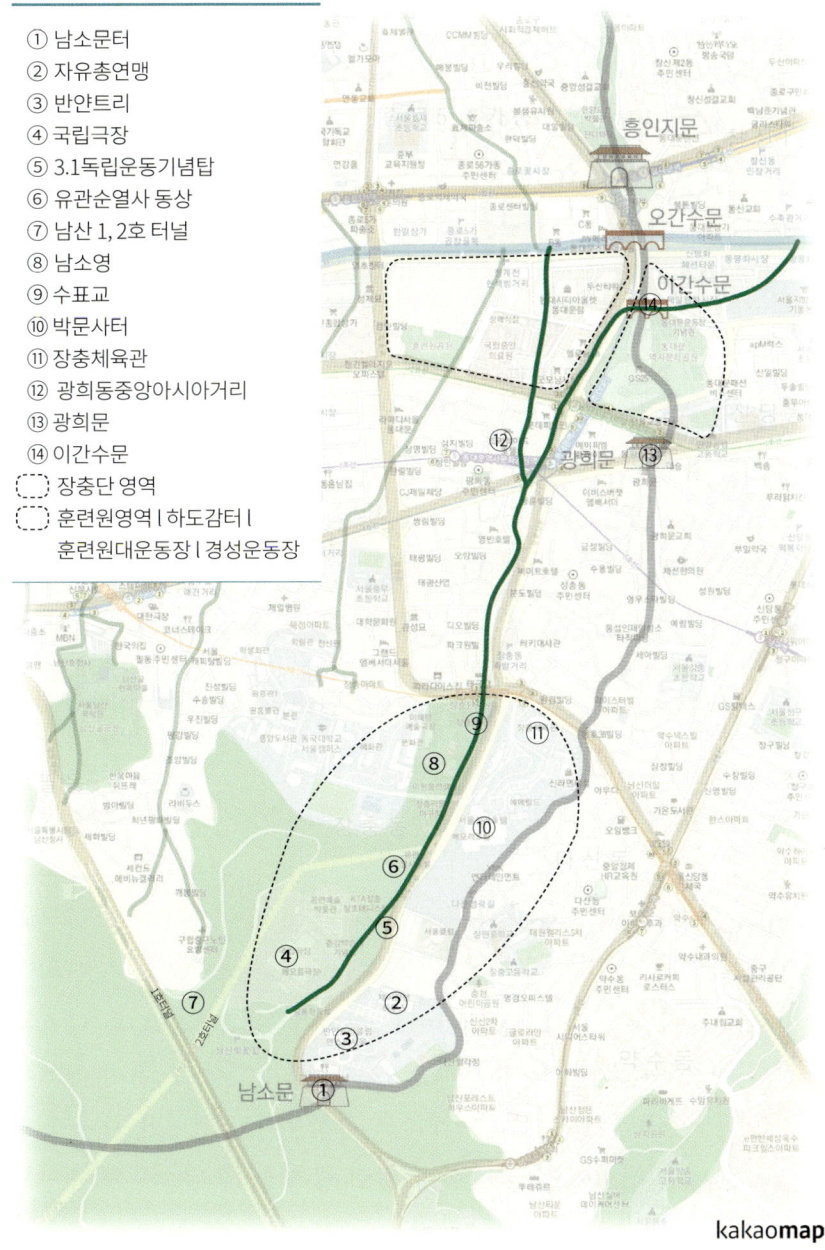

원래 다른 문이었던 광희문과 수구문

남소문은 만들어진 지 12년만인 1469년(예종1)에 통행에 그다지 도움이 되지 않는다는 건의와 음양가들의 주장에 의해 폐지되었다. 숙종 때 다시 남소문을 열자는 남인들의 주장과 음양학에 입각해 반대하는 서인들이 맞섰지만, 서인들의 주장이 관철됐다.

남소문터 표지석

남소문은 원래 광희문(光熙門)이라는 이름을 가졌지만 오랫동안 문으로서의 역할을 하지 못하자, 사실상 남소문 역할을 하던 수구문에 광희문이라는 이름을 붙여주었다. 이런 연유로 수구문은 광희문이라는 이름으로 불리었고, 그 역할도 시구문을 넘어 남소문으로서 지위를 갖게 되었다. 이를 뒷받침하는 이야기가 1929년 9월에 발간된 <별건곤> 제23호에 '경성 8대문과 5대 궁문의 유래'라는 제목으로 실려 있다.

'광희문과 수구문이 같은 문이 되었으나 원래는 광희문과 수구문은 다른 문이었다. 수구문은 도성 8문 외에 따로 있어서 사체만 나가게 한 부정문으로 속담에 '못된 바람은 수구문으로 분다.'든지, 노인이나 환자에게 '수구문차례'라 하는 것이 그것이다. 광희문은 속칭 남소문으로 원래 창충단 계류의 상류에 있었는데 풍수학상 그 문이 거기에 있는 것은 좋지 않다고 하여 폐쇄하고 광희문이란 명칭만 따다가 원래 수구문에 이관하였다. 그리하여 원래 광희문 즉 남소문은 유야무야 간에 없어지고 수구문이 광희문이 되었다.'

냉전체제의 산물, 자유센터

군사쿠데타로 정권을 장악한 박정희가 이용한 지배이데올로기의 두 축은 '반공'과 '전통'이었다. 이를 가장 잘 보여주는 곳이 바로 남산자락에 들어선 자유센터와 민족문화센터가 그것이다. 지금의 자유총연맹과 반얀트리, 그리고 국립극장이다.

1960년대 동서냉전체제의 산물인 자유센터는 한국반공연맹이 사용하기 위해 지은 건물로, 1962년 착공하여 1964년에 완공된 노출콘크리트 건축물이다. 본부인 자유센터는 북쪽을 향해 나아가는 듯 뱃머리 모양의 처마에, 군화를 연상케 하는 기둥 등 이념성을 부각시킨 건물로, 김수근이 설계했다. 원래 자유센터는 본부와 숙소, 그리고 국제회의장을 갖춘 국제반공의 성지를 꿈꾸었으나, 계획대로 진행되지 못했다.

애초 자유센터는 1962년 국가보조금(1억 원)과 국민성금(1억 5천만 원)으로 공사가 시작되었다. 그러나 부담금을 내기로 약속했던 반공국가들이 약속을 지키지 않아, 자유센터 건립은 방향 수정이 불가피했다. 숙소 건물은 한국전쟁 당시 전투 병력을 지원한 유엔참전국 16개국과 한국을 상징하는 17층으로 설계되었다.

그러나 쓸모가 없어진 숙소는 1968년 11월 12일 공개경매에서 국가재건최고회의 재정경제위원회 자문위원이었던 남상옥에게 낙찰(7억 3,700만 원)되었다.

이런 과정을 거쳐 숙소는 1969년 1월 타워호텔로 문을 열었고, 1988년 특2급호텔로 승격되어 운영되었다. 2007년 타워호텔을 인수한 새로운 주인은 반얀트리호텔앤리조트와 20년간 운영계약을 맺었다. 이후 3년에 걸친 리노베이션을 거쳐, 2010년 6월 반얀트리클럽앤스파서울로 이름을 바꾸고 재개장했다.

통치수단으로 변질된 전통과 선열

박정희가 활용한 또 다른 통치이데올로기는 '전통'이었다. 5.16 직후 구호로 내세웠던 '민족문화 수호'의 일환으로 장충동에 종합민족문화센터 건설을 시작했다. 1967년 4월 25일 종합민족문화센터 기공식을 했다. 그러나 전통과 민족문화는 박정희에게 있어 우선순위는 아니었다. 특히 반공에 비할 바 아니었기에, 민족문화센터의 건설은 차일피일 미뤄졌다.

한곳에 집중하겠다며 종합민족문화센터 건설을 기획했으나, 장충동에는 국립극장과 국악사양성소만이 지어졌다. 그나마 국악사양성소는 1967년 바로 완공되었지만, 국립극장은 자금문제로 인해 1973년 10월에야 공사를 마쳤다. 국립극장의 건설은 속도전을 자랑하던 당시로서는, 특히 통치수단으로 활용하기 위한 것치고는 유난히 길었던 공사기간이었다.

1954년 10월 국립국악원 부설 국악사양성소로 설립인가를 받고, 1955년 4월 1일 정식 개교한 국악사양성소는 1967년 12월에 장충동으로 이전, 1972년 7월 국악고등학교, 1991년 3월 국악학교, 1992년 2월 개포동 이전 등의 변화를 겪었다.

국립극장 바로 아래쪽에 자리한 3.1독립운동기념탑은 광복회 3.1독립운동기념탑건립위원회가 3.1독립운동 정신을 계승 발전시키기 위해 건립한 것이다.

기념탑은 1998년 대한민국정부수립 제50주년 기념일에 착공하고, 3.1독립만세운동 제80주인 1999년 3월 1일 준공했다. 탑에는 3.1독립선언서와 취지문, 건립개요, 헌시 등이 새겨져 있다.

남산2호터널 입구 위쪽에는 유관순 열사 동상이 있다. 유관순 열사 동상은 원래 1970년 애국선열조상건립위원회가 숭례문 앞 녹지대에 만들어 세웠는데, 지하철1호선 공사로 태평로가 파헤쳐지면서 1971년 지금의 자리로 이전했다. 유관순 열사 동상이 이토 히로부미의 박문사를 내려다보는 위치를 선정한 것이다.

애국선열조상(彫像)건립운동은 1964년 서울 미대생연합이 석고로 만든 37인의 역사인물 조상의 수리문제가 그 시작이다. 당시 이 문제를 안건으로 다뤘던 문화재위원회는 새로이 위인동상건립위원회를 만드는 것으로 결론을 냈다.

유관순열사 동상

이후 1966년 제1회 5.16민족상 산업부문 장려상 수상자인 이한상(1917~1984)이 선열들의 조상 건립을 의뢰하며 서울신문사에 상금 50만 원을 기탁했다. 당시 애국선열조상건립위원회(총재 김종필 공화당 의장)와 서울신문사 공동주관으로 1968년부터 1972년까지 5년간, 모두 15기의 동상을 설립하였다. 그 중 유관순 열사 동상은 8번째로 세워졌다.

남산1, 2호터널은 1968년 1.21사태로 인해 만들어진 것이다. 특히 남산2호터널은 자유센터와 함께 분단과 냉전이 낳은 결과이다. 1.21사태 이후 교련 재도입, 예비군 창설을 비롯하여 우리 사회는 많은 변화를 겪게 된다. 그 일환으로 1969년 1월 '남산요새화계획'을 수립하는데, 핵심 프로젝트가 남산1호터널의 건설이다. 남산터널 프로젝트는 한국신탁은행의 개발신탁자금 지원으로 바로 착공하여, 1970

년 8월 15일 개통했다.

　남산1호터널은 당시 길이와 규모면에서 한국 최대의 터널이었다. 함께 건설된 남산2호터널은 남산1호터널과 교차하도록 설계되었고, 교차지점에 교통광장을 마련하여 전시에 서울시민 30만~40만 명을 대피시킬 수 있도록 하고자 했다. 교통광장 구상은 백지화되었지만, 1970년 개통된 남산2호터널은 반포 등 강남의 서남지역 개발을 촉진하는 계기가 되었다.

공원이 되어버린 현충시설, 장충단

장충단공원 자리에는 조선시대 삼군문 가운데 하나인 어영청의 분영인 남소영이 있었다. 1900년(고종37, 광무4) 고종은 남소영 터에 현충공간인 장충단(奬忠壇)을 조성하였다. 고종은 동학농민전쟁과

남아 있는 남소영동천 물길

을미살해 등으로 희생된 충신들을 추모·제사하고자 단을 설치하였다. 이후 임오군란과 갑신정변 때 희생된 이들도 장충단 제향신위에 포함해 추모했다. 당시 불렸던 '남산 밑에 장충단 짓고 군악대 장단에 받들어총일세.'라는 민요는 제향을 올릴 때 군악(軍樂)을 연주하고 조총(弔銃)을 발포하였음을 알려준다.

장충단비는 장충단을 건립할 때 세운 기념비석이다. 비석 앞면의 '장충단'은 순종이 황태자 시절에 쓴 친필이고, 뒷면에는 충정공 민영환이 지은 143자의 글이 새겨져 있다. 일제가 박문사를 만들 때 버려진 장충단비는 1969년 지금의 자리에 옮겨졌다.

장충단에서는 1900년부터 매년 봄·가을 2차례 정기적으로 제사를 지냈다. 그러나 1909년 안중근이 이토 히로부미를 저격한 직후부터 일제에 의해 제사가 폐지되었다. 1910년 경술국치 이후에는 일제에 의해 본격적으로 장충단의 성격이 변질되었다.

일제는 1919년 6월부터 장충단 일대를 공원화하고, 경성부에서 관리하기 시작했다. 남소문동천의 일부를 연못으로 조성하고, 그 가운데 나무다리를 놓았다. 곳곳에 의자를 놓고, 정자 및 전등과 전화, 끽다점(喫茶店) 등을 설치했다. 또 접근성을 높이기 위해 전차와 버스 노선을 공원 입구까지 연장하고, 벚나무를 대량으로 심어 대한제국의 제향 공간을 완벽하게 공원으로 바꾸었다.

벚나무가 피는 봄날의 일요일이면 10만 명 정도가 방문할 정도였고, 당시 경성 제일의 공원이자 최고의 데이트 장소였다. 공원에서는 수시로 백일장, 운동회, 박람회 등 다양한 행사가 개최되었다.

1929년 조선총독부는 이토 히로부미 사망 20주년을 맞아 기념사업을 추진했다. 내선융화라는 명분으로 조선인을 대상으로 기부금을 모금하며, 한국식 사찰 건설을 추진했다. 1932년 장충단 동쪽 언

박문사터에 세워진 신라호텔

덕에 완공된 사찰의 이름은 춘무산박문사였는데, 춘무는 이토의 호이고, 박문은 히로부미에서 따왔다.

일제는 박문사를 지을 때 조선과 대한제국의 건축물 가운데 여러 채를 옮겨서 완공한다. 경희궁의 정문인 흥화문을 뜯어다가 정문으로 삼았고, 경복궁의 선원전은 부속 건물로, 원구단의 석고각은 박문사의 종각으로 사용하는 등 궁궐과 제단 시설을 훼손하여 박문사를 만들었다.

일제는 1937년 상하이사변 당시 전쟁영웅으로 조작한 '육탄 3용사'의 동상을 세우기도 했다. 1939년에는 이토 히로부미를 포함하여 이용구, 송병준, 이완용 등 경술국치 공로자를 위한 감사위령제가 열렸는데, 이광수 최린 윤덕영 등 친일부역자를 비롯해 1,000여 명이 참석했다고 한다.

호텔과 체육관이 들어서다

광복 후 1950년 6월 21일 옛 서울운동장에서 전몰군인을 위한 추모제를 열고, 1,600에 달하는 호국영령이 장충사에 모셔졌다. 1955년 동작동에 국립묘지가 생기기 전까지는 장충사는 국립묘지로 활용되었다.

1959년 박문사가 있던 곳에서 시작된 영빈관 신축공사는 두 차례 공사가 중단되는 우여곡절 끝에 1967년 마무리되었다. 그러나 심각한 경영난에 시달리던 영빈관은 1973년 삼성그룹 계열에 매각되었다.

현재 장충단에는 대한제국시대 일제의 외교권 침탈에 분개하여 런던에서 자결 순국한 주영대리공사 이한응(李漢應) 열사 기념비와 1919년 곽종석, 김복한 등 137명의 유림들이 서명한 청원서를 파리평화회의에 보내 일본제국주의의 잔학상을 세계에 폭로한 것을 기리는 유림독립운동파리장서비가 서 있다.

또 아직 남아 있는 남소문동천 물길에는 청계천에 놓여 있던 수표교를 옮겨놓았다. 원래 청계천2가에 있던 수표교는 청계천 복개공사를 하면서 1959년 신영동으로 옮겨졌다가, 1965년 지금의 자리로 옮겨 설치했다.

1919년 장충단에 공원이 조성될 당시 공원의 북동쪽에 운동장이 만들어졌는데, 1955년 이 자리

장충단비

에 육군체육관이 들어섰다. 1959년 육군체육관이 서울시로 이관된 후 서울시는 1962년 국내 최초의 실내체육관인 장충체육관을 건립한다. 체육관은 삼부토건이 건설을 맡아 순 우리 자본과 기술로 지어졌다. 장충체육관은 실내스포츠의 메카로, 또 각종 공연장으로 활용되었지만, 유신 이후 통일주체국민회의에 의한 간접선거를 통해 체육관 대통령을 선출하는 정치의 장으로 그 용도가 변질되기도 했다.

남소문동천만을 위한 이간수문

흥인지문으로 이어지는 큰길의 서쪽으로 흐른 물길은 광희문사거리 인근에서 두 갈래로 나뉘어, 서쪽 물길은 광희빌딩 동쪽으로 흘러 청계천으로 흘러든다. 동쪽 물길은 큰길을 따라 흐르다 이간수문을 통해 도성을 빠져나간 후 서울지방경찰청기동본부 담을 따라 흐르다

수표교

장충체육관

청계천과 합류한다. 이 남소문동천의 동쪽 물길로 인해 '내사산의 모든 물길은 한양도성 안에서 청계천으로 흘러든다.'고 하면 안 된다.

서쪽 물길이 흐른 곳에 형성된 광희동중앙아시아거리는 1990년대 초 한·러 수교 이후 러시아와 카자흐스탄·몽골 등 중앙아시아에서 온 사람들이 이곳으로 모여들어 정착하면서 시작되었다. 거리 곳곳에 낯선 간판들이 가득한 이곳은 보따리장수들과 중계 무역상들의 거점이 되었고, 동대문실크로드라고 불리기도 한다.

수구문이라도 불린 광희문은 태조가 도성을 쌓을 때 만들어졌고, 1711년(숙종37)에 고쳐쌓고, 1719년(숙종45) 석축 위에 문루를 짓고 광희문이라는 현판을 걸었다. 1975년 광희문을 남쪽으로 15m 옮겨 복원하였다.

동대문디자인플라자(DDP)는 훈련도감의 군영이던 하도감이 있던 곳으로, 개항 후 신식군대인 별기군의 훈련장이었다. 1881년 창설 당시 별기군은 서대문밖 모화관을 임시훈련장으로 사용하다가, 훈련장을 하도감으로 옮겼다.

하도감 터에는 1925년 훈련원 대운동장이라는 이름의 경성운동장이 만들어졌다. 경성운동장은 광복 후 서울운동장이 되었고, 1985년 동대문운동장으로 이름이 바뀌었다.

광희동중앙아시아거리

경성운동장은 일제가 히로히토 왕자의 결혼을 기념하기 위해 건립했다. 일제는 군국주의 주입과 우월성을 입증하기 위한 목적으로 경성운동장에서 각종 대회를 개최한 반면, 조선인들은 승리를 통해 저항의지를 보여주었다.

동대문운동장은 2007년 12월 18일 야구장을 시작으로 철거가 시작되었고, 2008년에는 축구장도 철거되었다. 이후 이곳에 대한 문화재발굴조사에 착수하여, 하도감 터와 이간수문의 흔적을 발굴하였다. 일제가 성벽을 철거하고 그 위에 경성운동장을 만들 당시 이간수문과 치 등 땅속에 묻혔던 유물이 발견된 것이다.

이간수문은 오간수문과 함께 도성 내의 배출하는 기능과 함께 수문에 철책을 설치해 적의 침입을 막는 역할도 했다. 내사산 안에서 시작된 대부분의 지천들이 도성 내에서 청계천에 합류한 후 오간수문을 통해 도성을 빠져나간다. 반면 남소문동천의 주된 물길만은 이

이간수문

간수문을 통해 도성을 빠져나간 뒤 도성 밖에서 청계천과 합류한다.
 2009년 4월 착공한 복합문화공간 동대문디자인플라자는 2014년에 개관했다.
 이간수문을 빠져나온 물길은 제일평화시장 남쪽 자락을 스쳐, 서울지방경찰청기동본부의 서북면을 따라 청계천으로 흘러든다.
 조선시대 군사시설과 비어 있는 토지가 대부분이던 남소문동천 일대는 대한제국 시기에는 나라를 위해 목숨을 잃은 병사들을 기리기 위한 장소였다. 일제강점기에는 일본인을 위한 장소로 바뀌었다. 남소문동천을 중심으로 서쪽은 점차 일본인의 거주지로 변화했고, 동쪽은 조선인 거주지가 유지되었다.
 광복 이후에는 자유센터·국립극장·장충체육관·동상 등이 들어서며, 권력자에게 필요한 장소로 변신을 거듭했다.

26 청계천

오늘날 서울을 상징하는 물길은 한강이다. 동에서 서로 흐르는 한강을 기준으로 강북과 강남으로 나뉜다. 조선시대 한양의 중심을 흐른 물길은 개천(청계천)이다. 한양은 개천을 기준으로 북촌과 남촌, 그리고 서촌, 동촌, 중촌으로 구분되었다. 개천은 한강과는 반대로 서에서 동으로 흘러 중랑천을 만난 뒤 한강으로 흘러드는 물길이다. '개천'이라 불리던 청계천은 예부터 많은 이야기를 담고 있다.

개천은 한양도성 안을 흐르던 자연하천으로, 비가 조금만 내려도 물난리가 났기에 조선시대 왕들에게는 끊임없이 해결해야 할 과제였다. 개천을 처음 정비한 것은 태종이었고, 세종은 홍수 예방을 위해 강수량 측정이 가능한 양수표(量水標)를 세웠다.

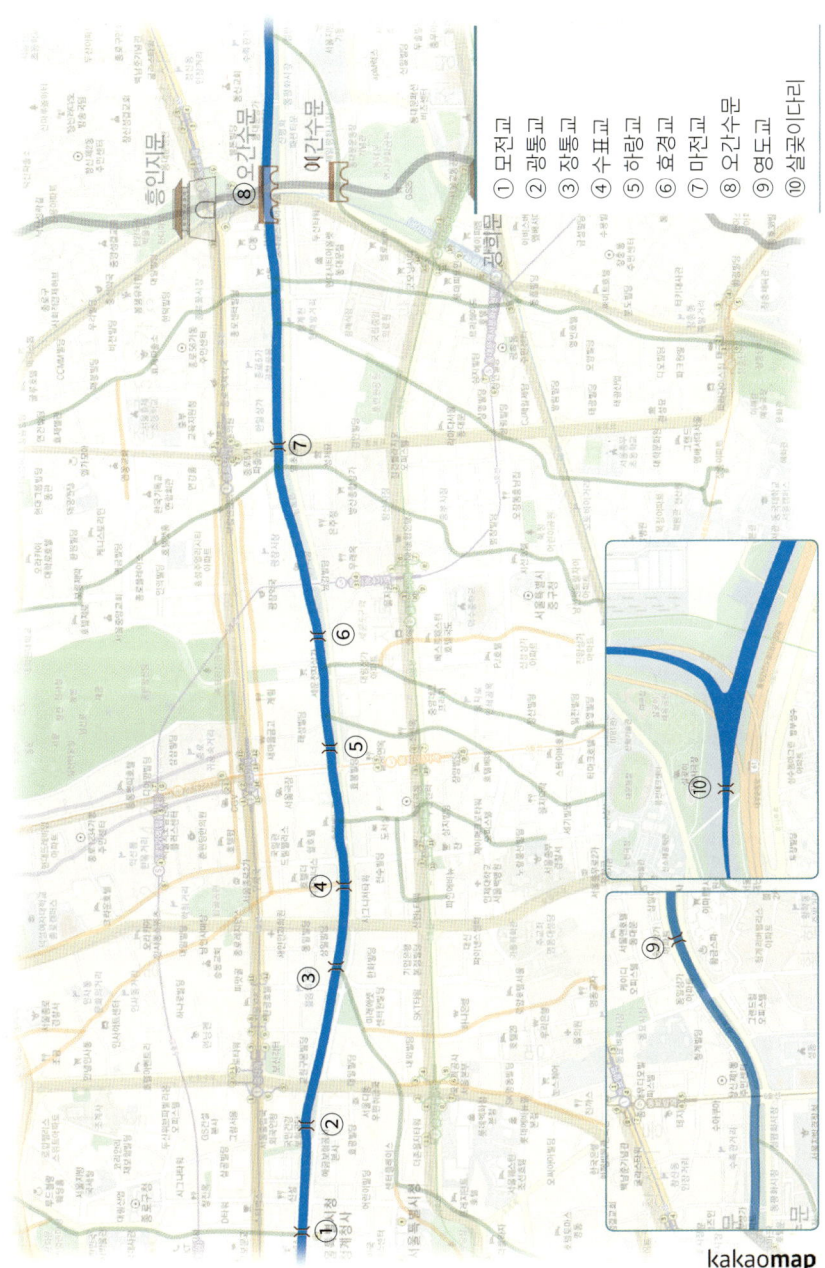

한양의 개천에서 서울의 청계천까지

영조 이후 고종 때까지 준설공사가 계속되었고, 일제강점기와 대한민국 시절에도 준설공사가 진행되었다. 한국전쟁이 끝나고 피난민이 몰려든 1950년대 후반의 청계천은 쓰레기와 오수로 뒤덮인, 불결함과 빈곤의 상징이었다. 1960년대 말에는 교통체증 해결과 산업화를 목적으로 청계천을 아스팔트로 덮어 복개(覆蓋)하고, 청계고가도로를 만들었다.

산업화의 상징이던 청계천은 1990년대 매연과 소음이 가득한 혼잡함의 대명사가 되었다. 2003년 청계천 복원사업으로 복개를 걷어내고, 인공적이지만 지금의 모습을 갖추게 되었다. 조선시대 한양에서부터 대한민국의 서울에 이르기까지 청계천은 거듭된 변화와 함께 많은 이야기를 간직하고 있다. 현재 서울의 청계천에는 제각기 사

청계천 시작점

연을 담은 22개의 다리가 있지만, 1760년(영조36) 준천 당시 한양의 개천 본류에 놓여 있던 다리는 모두 9개이다.

청계천의 발원지에서 흐른 물길이 개천(청계천)으로 흐르기 시작하는 상류에 놓인 첫 번째 다리는 모전교(毛廛橋)이다. 다리 주변에 과일을 파는 가게인 모전(毛廛)이 있어서 붙여진 이름이다. 1930년대 후반에 없어졌던 다리를 청계천을 복원하면서 새로 만들어 옛 이름을 그대로 붙였다.

두 번째 다리는 조선 초기 처음 돌다리로 만든 광통교(廣通橋)이다. 조선 초기의 다리는 나무로 지주를 만들고, 그 위를 나뭇가지 등으로 얼기설기 걸쳐서 흙을 덮는 방식으로 만들었다. 이런 부실한 다리를 처음으로 정비한 것은 태종이었다. 1410년(태종10)에 많은 비가 와서 흙다리가 무너지자 태종이 이를 돌다리로 만들었다.

모전교

태종은 아버지 태조가 사랑했던 계비 신덕왕후 강씨의 무덤 자리인 정릉 옛터(중구 정동)에 있던 석물을 사용하여 다리를 만들게 했다. 태종은 그 석물을 사람들이 마구 짓밟고 다니게 하여, 강씨가 죽어서도 편치 못하게 할 생각이었다. 그러나 태종의 생각과는 달리 광통교는 한양의 중심도로에 놓인 다리로, 더 많은 관심의 대상이 되었다. 백성들뿐 아니라 어가 행렬 등 수많은 이들이 오가던 광통교는 1958년 청계천이 복개될 때 도로 밑에 묻혔다가, 청계천 복원사업으로 다시 세상의 빛을 보게 되었다.
　광통교의 돌기둥이 마름모꼴인 것은 물이 잘 흐르도록 하려는 방법이고, 다리 난간에 구멍이 뚫려 있는 것은 바람 길을 막지 않아 다리를 안전하게 하는 과학적인 요소로 선조들의 지혜를 확인할 수 있다.

광통교　　　　　　　　　　　　경진지평

조선시대 도성 안에서 가장 크고 넓은 다리였던 광통교는 현재 청계천 다리 가운데 유일하게 옛 모습을 그대로 유지하고 있다. 그렇지만 원래의 광통교는 지금의 위치가 아닌 종각에서 숭례문으로 이어지는 길에 놓인 광교 자리에 있었다.

　장통교(長通橋)는 주변에 장통방이라는 긴 창고가 있어서 이름이 붙었다. 창고가 있었기에 주변에 시전 상인들이 많이 살았고, 도성 안 상업의 중심지로 발전하였다. 장통교 아래에서는 타일로 만든 벽화를 만날 수 있다. 자기타일 5,000여 장으로 만들어진 길이 194m의 세계 최대 도자벽화의 제목은 '정조대왕 능행반차도'이다. 벽화는 조선 22대 왕인 정조가 아버지 사도세자의 무덤인 현륭원으로 행차하는 모습을 그린 내용이다. 반차도란 궁중의 각종 행사를 그린 의궤도를 말한다.

정조대왕 능행반차도

제각각의 이야기를 품은 다리들

수표교(水標橋)는 1420년(세종2)에 만들어진 다리로, 주변에 말이나 소를 파는 마전(馬廛)이 있어 마전교라 불렸다. 1441년(세종23) 세종은 다리 옆에 양수표를 세우고, 다리 이름을 수표교라 하였다. 그러나 일부에서는 수표교가 1420년에 설치된 것이 분명치 않다는 주장도 있다.

 수표에 새겨진 0~9까지 숫자를 기준으로 강수량을 측정했는데, 3·6·9에 해당하는 숫자에는 구멍을 파서 멀리서도 볼 수 있게 하였다. 3 이하는 가뭄, 6은 평수, 9 이상은 홍수를 의미했다. 수표교는 청계천 복개공사를 할 때 장충단으로 이전하였고, 수표는 청량리에 있는 세종대왕기념관에 전시되어 있다.

 수표교는 많은 이야기를 품고 있지만, 특히 희빈 장씨의 이야기가

수표교

널리 알려져 있다. 숙종이 영희전을 참배하고 돌아오는 길에 수표교에서 아름다운 소녀를 발견하고 궁으로 들였는데, 그 소녀가 바로 사극의 주인공으로 자주 등장하는 희빈 장씨라고 전한다.

관수교(觀水橋)는 일제강점기에 콘크리트로 만든 다리로, 일제의 감춰진 야욕을 확인할 수 있는 건축물이다. 일제는 1907년 고종의 헤이그 특사 사건 이후 강제로 황권을 순종에게 이양케 했다. 일제는 창덕궁에 유폐시킨 순종을 감시하기 위한 일본군 헌병대를 지금의 남산한옥마을 자리에 만들었다. 그리고 유사시 헌병대에서 가장 빨리 창덕궁에 갈 수 있도록 만든 다리가 관수교이다.

관수교 인근에는 원래 하랑교(河浪橋)가 있었다. 다리 주변에 하랑위((河浪尉)가 살고 있었기에 붙여진 이름이라 전해지며, 한편으로는 부근에 화류장을 만들어 파는 가게가 있어 화류교(樺榴橋)라 부르기도 했다. 하랑교는 사라졌지만, 다리가 있던 자리에 남은 동판으로 그 위치 확인이 가능하다.

효경교(孝經橋)는 문헌과 지도를 통해 영풍교(永豊橋)라는 명칭으로도 같이 쓰였음을 알 수 있다. 효경교는 부근에 소경(시각장애인)이 많이 살았다 하여 '맹교(盲橋)' 또는 '소경다리'라고도 불렀다.

하랑교터

효경교터

마전교

하랑교 동쪽에 그 위치를 알리는 동판이 남아 있다.
　마전교(馬廛橋)는 태종 때는 창선방(彰善坊)에 놓인 다리라 하여 창선방교, 성종 때는 태평교(太平橋)라 불렸다. 영조 이후 다리 부근에 소와 말을 거래하는 마전(馬廛)이 있어 마전교라 불렀다. 청계천 복원 당시 방산시장 앞에 새로 다리가 놓였다.
　평화시장 앞에 자리 잡은 버들다리 또는 전태일다리라 불리는 다리는 2005년 만들어졌다. 오래전 주변에 왕버들이 많아 붙여진 이름인 버들다리보다는 전태일다리로 더 잘 알려져 있다.
　전태일다리는 1970년 11월 평화시장 앞에서 노동환경개선을 위해 분신으로 자신의 몸을 내던졌던 '아름다운 청년 전태일'을 기억하기 위해 이름 붙였다. 현재 다리 위에는 한국노동운동을 상징하는 전태일의 흉상이 있다.

전태일다리

　동대문 옆 한양도성과 이어지는 곳에는 도성 안의 물이 빠져나갈 수 있도록 오간수문(五間水門)을 만들었다. 오간수문 위쪽은 한양도성이었고, 수문 앞쪽에는 개천을 건널 수 있도록 징검다리 형식의 돌다리 오간수교(五間水橋)가 있었다. 수문의 수는 1481년(성종12)까지만 해도 3개뿐이었으나, 이후 몇 차례 증축을 거쳐 5개로 늘었다.
　오간수문은 일제에 의해 파괴되었다가, 청계천이 복원되면서 위치를 옮기고 규모를 축소하여 재현해놓은 상태다. 조선중기 명종 때 의적 임꺽정의 무리들이 도성에 들어와 전옥서를 부수고 도망갈 때도 이 오간수문을 통해 달아났다는 이야기도 전한다. 오간수문은 1908년 일제에 의해 파괴되어 사라졌고, 그

오간수문터

청계천 253

오간수교

엉뚱한 곳에 축소 재현된 오간수문

위에 다리가 놓여졌다.

　한양도성 밖 황학동에서 동묘로 이어지는 다리 이름은 영도교(永渡橋)이다. 단종이 세조에게 왕위를 빼앗기고 강원도 영월로 귀양갈 때 정순왕후 송씨가 이곳까지 나와 이별한 사연을 품은 다리이다. 이런 연유로 영이별다리 또는 영영건넌다리라 불리다가, 성종이 영도교라 이름 지었다.

　영도교는 한양의 동대문을 나와 왕십리, 뚝섬, 광나루로 가기 위해서는 반드시 건너야 하는 다리였기에 통행량이 많았다. 이 다리는 고종 즉위 후 경복궁을 복원할 때 석재 재사용이라는 이유로 헐렸고, 이후 일제강점기에 콘크리트 다리로 개축되었다.

　청계천 복원 시 만들어진 비우당교와 무학교 사이에는 산업화와 개발의 상징인 청계고가도로의 흔적인 교각 3기가 남아 있다. 이 교

청계천 존치교각

청계천 판잣집

각은 2013년 7월, 서울미래유산으로 지정되었다. 하류 쪽 정릉천과 청계천이 합류하는 지점에는 청계천박물관과 청계천판잣집테마촌이 자리를 잡고 있다. 이곳에서는 청계천의 변화와 그리 오래지 않은 옛 서울의 청계천에서 살던 이들의 삶의 흔적을 살펴볼 수 있다.

개천이 흘러 성저십리의 동쪽을 흘러내린 중랑천으로 합류하는 지점 아래쪽에는 오래된 돌다리가 놓여 있다. 살곶이벌(뚝섬) 앞에 있다 하여 살곶이다리 또는 살꽂이다리라 하고, 한자명으로 箭串橋(전곶교)라 한다. 명칭과 관련된 이야기가 전한다.

함흥에 있던 태조 이성계가 한양으로 돌아올 때였다. 살곶이벌에 도착한 이성계는 마중 나온 태종 이방원을 발견하고는 화가 치밀어 활을 쏘았다. 아버지가 자신을 향해 활을 쏘는 것을 발견한 태종 이방원이 급히 피하자 화살이 차일 기둥에 꽂혔다고 한다. 이후 이곳은

살곶이다리

'화살이 꽂힌 곳'이란 뜻의 살곶이벌로 부르게 되었고, 다리 이름은 살곶이다리가 되었다고 전한다.

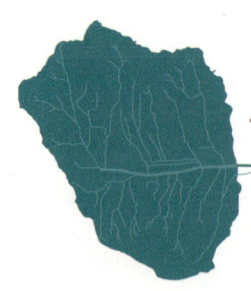
기록으로 보는 한양의 물길, 개천(開川)

조선시대의 기록을 통해 개천이 정비·변화·준천되기까지 어떠한 과정을 겪었는지 확인할 수 있다. 이 글에서는 조선의 기록물 중에서 <조선왕조실록>과 <승정원일기> 가운데 조선시대 개천의 정비 또는 준천과 관련된 내용, 특히 태종과 세종 그리고 영조 대의 기록을 중심으로 살펴보기로 한다.

한양도성의 경계인 내사산 줄기에서 시작된 크고 작은 물줄기는 도성 한가운데로 모여들었다. 한양도성의 중심을 서에서 동으로 가로질러 흐른 큰 물길을 조선시대에는 개천(開川)이라 불렀다.

그러나 한양의 중심을 흐른 물길을 조선 초기부터 개천이라 부른 것은 아니다. 개천이라는 용어가 등장하기 전까지 조선왕조실록에는 '천거(川渠)'라는 기록으로 나타난다. 국립국어원 표준국어대사전(이하 국어대사전)에서는 '천거[川渠]'를 '물의 근원이 가까운 곳에 있는 내'라고 풀이하고 있다.　　　※渠: 도랑 거, 어찌 거, 개천 거

천거(川渠)에 대한 정비는 태종대에 시작되었다.

태종실록 11권, 태종 6년 1월 16일 정미 2번째 기사 1406년
충청·강원도의 장정 3천 명이 궁궐 수축을 위해 올라오다.

충청도와 강원도 정부(丁夫) 3천 명이 도성(都城)에 이르렀다. 덕수궁(德壽宮)과 창덕궁(昌德宮)에 부역하는 이가 각각 1천 명씩이고, 한성부(漢城府)에 6백 명인데, 개천을 파는 일을 맡았고[漢城府

六百名, 掌開鑿川渠], 군자감(軍資監)·풍저창(豊儲倉)·광흥창(廣興倉)·사온서(司醞署)에 (인원이) 각각 1백 명씩인데, 공해(公廨)를 수리하는 일을 맡았다.

태종실록 11권, 태종 6년 3월 28일 무오 1번째 기사 1406년
관리의 품계에 따라 장정을 차출, 개천을 파고 내도록 하다.
  조정(朝廷)에 있는 관리(官吏)로 하여금 과품(科品)에 따라 정부(丁夫)를 내게 하여 개천을 파고 도로를 닦게 하였다.[開川渠治道路]

태종실록 13권, 태종 7년 5월 27일 경진 1번째 기사 1407년
큰비가 내려 도성안의 개천이 모두 넘치다. 민가 30여 채 표몰.
  큰비가 내려서 경성(京城)의 개천이 모두 넘치고[庚辰/大雨, 京城川渠皆溢], 강원도 평창군(平昌郡)에 물이 넘쳐 민가(民家) 30여 호(戶)가 표몰(漂沒)되었다.

  계속되는 물난리로 인해 천거에 대한 근본적인 대책 마련이 필요했다. 이에 1411년(태종11)부터 '개거(開渠)' 또는 '개천(開川)'이라는 용어가 등장한다. 조선왕조실록에 개천이라는 단어가 처음 나타나는 것은 1411년 9월 7일이다.

태종실록 22권, 태종 11년 9월 7일 을축 1번째 기사 1411년
의정부에서 개천을 뚫는 공사 기간에 대해 건의하다.
  의정부(議政府)에서 내[川]를 개착(開鑿)하는 일을 아뢰었다.
  "오는 10월부터 명년 2월 중에 내를 개착하소서."
  [乙丑/議政府啓開川之事]
  임금이 말하였다.
  "10월은 바로 상수리[橡實]를 주울 때이니, 2월을 기다려서 시행하라."
   [啓曰: "來十月明年二月中開川"]

　1411년(태종11)에 개천의 공사를 책임지는 관청인 개거도감을 설치하였고, 다음해인 1412년(태종12) 초부터 개거도감은 개천도감으로 그 명칭이 바뀌었다.

태종실록 22권, 태종 11년 윤12월 14일 경오 1번째 기사 1411년
개거도감(開渠都監)을 설치하고 정월 15일에 역사를 시작하도록 명하다.
　개거도감(開渠都監)을 설치하고, [庚午/置開渠都監] (중략~) 개천을 준설할 기초를 마련하고[經始開渠之基] 전라도·경상도·충청도 3도(道) 군인으로 하여금 정월 15일에 역사를 시작하게 하였다.

태종실록 23권, 태종 12년 1월 10일 을미 1번째 기사 1412년
개천도감에 군정을 사역시키는 데 따른 수칙을 내리다.
　개천도감(開川都監)에 역군 사의(役軍事宜)를 내리었다. [乙未/下開川都監役軍事宜] (하략~)

　조선왕조실록에 따르면, 1412년(태종12) 1월 15일부터 2월 15일까지 한 달 동안 대대적인 개거(開渠), 개천(開川) 공사가 진행되었다.

태종실록 23권, 태종 12년 2월 15일 경오 1번째 기사 1412년
개천을 준설하는 역사가 끝나다.
　개천을 준설하는 역사가 끝났다.[開川役告訖] (중략~)
　임금이, "개천을 준설하는 것이 끝났으니, 내 마음이 곧 편안하다.

[開川已畢, 我心卽平]"하고 말하였다. (하략~)

국어대사전에서는 개거, 개천의 뜻을 다음과 같이 풀었다.

개거[開渠]
1 (건설) 위를 덮지 아니하고 터놓은 수로(水路).≒개수로
2 (교통) 철도나 궤도 밑을 가로 뚫어 도로나 운하를 통하게 하고 위를 덮지 않고 터 놓은 작은 도랑

개천[開川]
1. 개골창 물이 흘러나가도록 길게 판 내 ≒ 굴강
2. 시내보다는 크지만 강보다는 작은 물줄기 = 내

사전의 낱말 풀이처럼 조선에는 인위적으로 파낸 개천이 여럿 있었다. 태종대에 공사를 일컫던 '개천'은 이후 오랫동안 오늘날의 청계천, 다시 말해 한양의 중심을 흐르던 물길을 일컫는 고유명사가 되었다.
개천 공사가 끝난 뒤 개천도감은 '행랑조성도감'으로 바뀌어 시전을 지었다.

태종실록 23권, 태종 12년 2월 15일 경오 2번째 기사 1412년
개천도감을 행랑조성도감으로 삼아 시전을 건설하다.
 개천도감(開川都監)을 그대로 행랑조성도감(行廊造成都監)으로 삼아 이날부터 역사를 시작하였다.[以開川都監, 仍爲行廊造成都監, 是日始役] 역도(役徒)는 2천 35인 안에 승군(僧軍)이 5백 명이었다.

개천 공사가 마무리된 후에도, 한양에 큰비가 내리면 물난리를 피할 수 없었다.

태종실록 35권, 태종 18년 5월 23일 임신 1번째 기사 1418년
큰비로 경도의 개천물이 넘치다.
 크게 비가 와서 경도(京都)의 개천물이 넘쳐 교량(橋梁)이 표몰(漂沒)하였다. [壬申/大雨。京都開川水溢, 橋梁漂沒]

 세종 역시 큰비로 인한 물난리에서 자유로울 수 없었기에 수재 대책을 마련하라고 지시했다.

세종실록 12권, 세종 3년 6월 16일 정미 6번째 기사 1421년
큰비로 인한 수재 대책을 명하다.
 선지(宣旨)하기를, "여러 날 동안 큰비가 내리니, 반드시 수재(水災)가 있을 것이다. 수문(水門)의 전방(箭防)080 을 속히 걷어치워 수도(水道)를 통하게 하고, [宣旨: "累日大雨, 必有水災, 速撤水門箭防, 以通水道] 순찰하는 관원과 병조(兵曹)에서는 밤새도록 순시하여, 사람을 죽는 데 이르게 하지 말라." 하였다.

 또한 판한성부사 정진 등이 1421년(세종3) 7월, 홍수에 대비하는 여러 방안에 대한 내용으로 세종에게 상소하였다. 이 상소문에는 개천의 지천과 세천에 대한 정비와 도성의 물이 잘 빠져나갈 수 있도록 수문(水門)을 추가하는 등 도성 내 치수에 관한 내용이 담겨 있다. 또 운종가의 남쪽과 북쪽에 자리한 시전 행랑의 뒤편에 물길을 조성하여, 개천으로 흘러들던 물길을 분산시켜 피해를 줄이고자 하는 내용도 확인된다.

세종실록 12권, 세종 3년 7월 3일 계해 3번째 기사 1421년
한성부사 정진의 치수에 관해 올린 소문.
 (전략~) 지금 비가 한 달이 넘어도 그치지 않아서, 지난달 12일에

밤에 큰비가 와서, 물이 넘쳐 하류가 막혔으니, 도성(都城) 안이 다시 침몰될 근심이 있습니다. [今者雨水逾月不止, 前月十二日之夜, 大雨水溢, 下流淤塞, 都城之內, 復有墊溺之患]

(중략~) 한두 가지의 좁은 소견을 다음에 조목 별로 열거합니다.

1. (중략~) 별도로 수문 하나를 더 만들어 수도(水道)를 통하게 하면, 물이 넘치는 것이 감해질 것입니다. [別作一水門, 以通水道, 則汎濫決溢之勢, 庶可減矣]

1. (중략~) 종루(鍾樓) 이하로는 지세(地勢)가 모두 낮아서, 도성의 물이 한 곳으로 몰려드는 것이, 높은 집마루에서 항아리 물을 내려 붓는 것 같아서, 많은 집들이 물에 뜨고 침몰되는 일이 반드시 이르게 될 이세(理勢)입니다. 원컨대 유사에 명하여 예전 도랑[渠] 자리에 그대로 냇길[川路]를 뚫어 파서, 깊고 또 넓게 하여 수재에 대비할 것입니다. 또 좌우 행랑(行廊)의 뒤에도 큰 도랑 하나를 만들면 크게 편리할 것입니다. [因其舊渠, 鑿開川路, 旣深且廣, 以備水災。又於左右行廊之後, 開一大渠, 庶爲便益]

1. (중략~) 내를 넓히고 돌을 포개어 쌓아 올려 수도(水道)를 방비할 것입니다. [開川疊石, 以防水道] 경복궁 서성(西城) 밖에도 또한 마땅히 내를 넓혀 흐름을 터놓아야 될 것이며, 그 외의 도랑들도 뚫고 파야 할 곳을 일일이 다 들 수 없사오니, [景福宮西城之外, 亦宜開川決流。其餘開渠穿鑿之處, 難以遍擧] (중략~)

1. (중략~) 전에는 모두 나무다리를 만들었으므로, 큰 비를 한 번 지내고 나면, 모두 떠내려가게 되니, 재목의 허비와 백성을 괴롭히는 역사가 해마다 없을 적이 없었습니다. 더욱이 여름 장마 때를 당하면, 반드시 썩어 무너지게 되니, 그것이 견고하지 않음이 명백합니다. (중략~) 돌다리를 만들게 하여 이런 근심을 면하게 하소서.[俾作石橋, 庶免此患]

1422년(세종4)에 한양도성의 전 구간을 돌로 고쳐 쌓으면서, 도성

수축도감의 제안을 받아들여 도성 안의 물이 잘 빠져나가도록 수문 2칸을 더 설치하였다.

세종실록 15권, 세종 4년 2월 23일 경술 2번째 기사 1422년
도성의 역사를 마치다.
　도성의 역사(役事)를 마쳤다. 성을 돌로 쌓았는데, 험지(險地)는 높이가 16척이요, 그 다음으로 높은 곳이 20척이요, 평지는 높이가 23척이었다. 수문(水門) 2칸(間)을 더 설치하여 막힌 것을 통하게 하고, [增置水門二間, 以通壅滯] (하략~)

　1441년(세종23)에는 서운관에 측우기를 설치하고, 마전교 서쪽에 수표(水標)를 세워 물의 높낮이를 측량해야 한다는 호조의 건의를 받아들였다. 이렇게 해서 청계천에 수표가 세워지고, 그때까지 마전교(馬前橋)라 불리던 다리는 수표교가 되었다.

세종실록 93권, 세종 23년 8월 18일 임오 4번째 기사 1441년
호조에서 서운관에 측우기를 설치할 것을 건의하다.
　(전략~) 마전교(馬前橋) 서쪽 수중(水中)에다 박석(薄石)을 놓고, 돌 위를 파고서 부석(趺石) 둘을 세워 가운데에 방목주(方木柱)를 세우고, 쇠갈구리[鐵鉤]로 부석을 고정시켜 척(尺)·촌(寸)·분수(分數)를 기둥 위에 새기고, 본조(本曹) 낭청(郞廳)이 우수(雨水)의 천심 분수(分數)를 살펴서 보고하게 하고, [又於馬前橋西水中, 置薄石, 石上刻立趺石二, 中立方木柱, 以鐵鉤鏁趺石, 刻尺寸分數於柱上, 本曹郞廳審雨水淺深分數以聞] (하략~)

명당수와 하수구 사이, 운명의 갈림길에 서다
세종대에도 끊임없이 물난리가 나던 개천은 그 역할을 두고 운명의 갈림길에 놓였다. 다시 말해, 개천을 풍수지리학에 따른 한양의 명당수로 할 것인가, 아니면 한양도성 백성들의 하수구로 사용할 것인가 하는 논쟁의 주인공이 되었다. 1444년(세종26)에 집현전 수찬 이선로가 개천의 물을 깨끗하게 유지해야 한다고 주장하자, 이에 대해 관리들의 찬반 주장이 나뉘게 되었다.

세종실록 106권, 세종 26년 11월 19일 갑오 3번째 기사 1444년
개천을 깨끗이 하는 일과 풍수설에 대해 의논하게 하다.

이때 집현전 수찬(修撰) 이선로(李善老)가 청하기를, "궁성(宮城) 서쪽에 저수지(貯水池)를 파서 영제교(永濟橋)로 물을 끌어넣을 것이며, 또 개천(開川) 물에는 더럽고 냄새나는 물건을 버리지 못하도록 금지하여, 물이 늘 깨끗하도록 해야 하겠나이다." [又於開川之水, 禁投臭穢之物, 令水淸潔] 하매, 그 일을 내려서 의논하게 하니, (하략~)

세종실록 106권, 세종 26년 12월 21일 병인 1번째 기사 1444년
풍수설에 반대하는 집현전 교리 어효첨의 상소.

집현전 교리 어효첨(魚孝瞻)이 상소하기를, "(중략~) 성북(城北)의 길은 담을 쌓고 문(門)을 만들어 제한을 하고, 또 성안에는 흙을 쌓아 산(山)을 모으고, 명당(明堂)의 물에는 더러운 물건을 던져 넣지 못하도록 금하기로 했다 하옵는데, 신은 반드시 그렇게 할 것이 없다고 생각하옵니다.[城北之路則築堵作門以限之, 且於城內, 補土爲山, 明堂之水則禁投穢物. 臣則以爲不必如此] (중략~) 도읍의 땅에 있어서는 사람들이 번성하게 사는지라, 번성하게 살면 더럽고 냄새나는 것이 쌓이게 되므로, 반드시 소통할 개천과 넓은 시내가 그 사이에 종횡으로 트이어 더러운 것을 흘려 내어야 도읍이 깨끗하게 될 것이니, 그 물은 맑을 수가 없습니다.[至於都邑之地, 人烟繁盛, 旣庶旣

繁, 則臭穢斯積, 必有通溝廣川, 經緯乎其間, 以流其惡, 然後可以
肅淸都下, 其水無可淸之理矣] (하략~)

　이선로의 '개천의 물을 깨끗하게 하여 한양의 명당수로 자리 잡아
야 한다.'는 주장에 대해 영의정 황희, 우의정 신개, 예조판서 김종서
등이 찬성하였다. 그러나 어효첨과 좌참찬 권제 등은 '개천은 도성 안
사람들의 오물과 하수를 흘려보내는 배수로의 역할을 해야 한다.'고
주장했다. 당시 개천의 기능에 대한 논쟁에서 세종은 어효첨의 손을
들어줌으로써 '개천은 도성민의 생활하천'이 되었다.
　태종대에 시작된 준설 작업으로 형태를 갖추었고, 세종에 의해 생
활하천으로 그 기능이 결정된 개천. 한양의 한가운데를 흐른 개천은
세종 이후 오랫동안 체계적인 관리 없이 방치되다시피 하였다.

성중구거수치계(城中溝渠修治啓, 도성 안 개천 정비에 대한 계)
　박현욱의 『서울의 옛 물길 옛 다리』에 따르면 시간이 흘러 인조대
에 다시 개천의 정비와 준설의 필요성이 대두된다.

　병자호란 이후 개천의 심각한 상황과 준설의 필요성에 대해서는 난을
겪은 지 5년 후인 1641년(인조19) 김육(金堉, 1580~1658)이 올린 <성
중구거수치계(城中溝渠修治啓, 도성 안 개천 정비에 대한 계)>라는 글
에 잘 나타나 있다.
　'도랑과 하수구를 쳐내고 더러운 기운을 씻어내는 것 또한 가뭄과 홍
수에서 백성을 구해내는 방도의 하나입니다. 도성 안 개천은 성 안의 물
이 모두 모여드는 곳입니다. 그런데 근래에 개천이 막혀서 모래톱이 되
어 밭을 만들어서 채소를 심기에 이르렀고, 개천은 평평해져 육지가 되
었으며, 길이 도리어 개천보다 낮아졌습니다. (중략~) 지금 바로. 방민
(坊民)들을 징발하여 막힌 흙을 파내어서 하천 양쪽 길에 높게 쌓아 물

이 흘러내려가는 것이 막히지 않도록 해야 합니다.' (하략~)

1701년(숙종27) 11월 도승지 이사영의 '개천의 상황과 정비의 필요성에 대한 건의' 등 기록을 분석한 박현욱은 '아무튼 이전과는 달리 숙종 때에는 몇 차례에 걸쳐 개천을 준설하였다. 그러나 역시 토사가 많이 쌓인 몇몇 곳을 쳐내는 정도의 임시방편적인 준설에 그쳤으며, 개국 초 태종, 세종 때나 이후 영조 때의 준설과 같은 대대적인 준천은 없었다.'고 쓰고 있다.

조선중기 이후 개천을 대대적으로 정비한 왕은 영조(1694~1776, 재위 1724~1776)다. 이 같은 사실은 <승정원일기>에 기록된 상세한 내용을 통해 확인이 가능하다. 신병주(단국대학교 사학과) 교수는 <승정원일기> 가운데 영조 재위기간 준천 기록을 분석해, '<승정원일기>에 나타난 청계천 준천(濬川)의 기록'이라는 글을 썼다.
신병주 교수가 영조의 준천 과정을 쉽게 알 수 있도록 정리한 글을 요약·정리하면 이렇다.

<영조실록>과 <승정원일기>의 기록

<승정원일기>는 <영조실록>과 비교해보면 특히 그 내용의 상세함을 알 수 있다.

1758년(영조34) 5월 2일 영조는 어영대장 홍봉한을 비롯하여 승지, 기사관, 기주관 등과 준천 문제를 깊이 논의한다. 1760년(영조36) 2월 23일 호조판서 홍봉한이 성 밖의 물길을 잡는 방법에 대해 아뢴 내용을 상세하게 기록하고 있다.

1760년(영조36) 개천공사가 완성되고, 영조는『준천사실』의 편찬을 명하였다. <영조실록> 영조36년 3월 16일의 기록에는『준천사실』을 만들었다는 것과, 영조가 홍봉한에게 '준천한 뒤에 몇 년이나 지탱할 수 있겠는가?'를 물었고, 홍봉한이 말하기를 '그 효과가 백년을 갈 것입니다.'라고 답한 내용, 사관이 이를 비판한 내용이 나온다. 『승정원일기』는 같은 날 호판, 판윤, 훈련대장 등이 희정당에 입시(入侍)했을 때를 이렇게 기록하고 있다.

영조: 준천 공사는 지금 어디까지 했는가?
홍봉한: 송전교에서 광통교까지 이미 완료되어 내일 연결될 것입니다. 수표교에서 광통교에 이르는 구간은 너무 넓어 공역(工役)이 갑절 어려웠습니다.(이하 공사 경과보고)
영조: 나는 사토(沙土)의 처리가 힘들 것으로 생각했는데, 이번의 일은 매우 잘 된 것 같다.
홍계희: 옛날에도 하천을 다스린 사례를 신도 들었습니다만 자세한 것은 모릅니다. 글로 써서 공사의 사실을 기록해야 하는데 제목 정하기가 어렵습니다.
영조: 『준천사실』로 이름을 정하라.
영조: 이번 준천 후에 다시 막히는 일이 없겠는가?
홍봉한: 갑을지론이 없는 것은 아니지만 백년 내에는 반드시 막히지 않을 것입니다.
영조: 승지의 의견은 어떤가?
이사관(승지): 얼마나 갈는지는 잘 모르겠습니다만, 갑자기 다시 막히는 일은 분명 없을 것입니다.
홍봉한: 차후에 한성부의 장관과 삼군문 대장이 주관하여 군문(軍門)에서 각기 약간의 재력을 각출하여 사후 준천의 비용에 대비한다면 매우 편의할 것입니다.
구선행: 홍봉한의 의견과 같습니다. 이렇게 한 연후에 앞으로도 실효가 있을 것입니다. 이번 굴착이 끝난 후 각 다리에 표석(標石)을 만들고 차후에는 이것으로 한계를 삼아 항상 노출되어 있도록 하는 것

이 좋습니다.

영조: 표석은 '경진지평(庚辰地坪)'으로 새기고 침수되지 않게 하면 유효할 것이다.

[上曰, 濬川役事今至何境乎? 洪鳳漢曰, 自松壑橋至廣通橋, 已爲, 自明日始編結矣。自水標橋至廣通橋, 其間闊大, 工役倍難矣。上曰, 予以沙土處置爲難, 而今番事善爲矣……. 洪啓禧曰, 昔之導川, 臣亦聞之, 而未得其詳, ……作一文字以記事實, 而題目難矣。上曰, 以濬川事實, 名之, 可也。……上曰, 今番濬川後, 能不更塞乎? 鳳漢曰, 不無甲乙之論, 而百年內必不堙塞云矣。……上曰, 承旨之意, 何如? 李思觀曰, 久近實不知, 而必不至猝然更塞矣。鳳漢曰, 此後使京兆長官·三軍門大將主管, 軍門各出若干財力, 以爲日後濬川之費, 則事甚便矣。具善行曰, 小臣之意, 與戶判同矣。如此然後, 來頭亦有實效矣。今番掘去後, 各橋皆有標石, 此後以標石爲限, 使之常露則好矣。上曰, 標石刻以庚辰地平, 而使不堙沒, 則有效矣]

신 교수는 글의 끝부분에 '<영조실록>에는 간략하게 결과에 해당하는 사실이 기록된 반면, <승정원일기>는 결과가 나오기까지의 과정이 국왕과 신하의 대화 형식으로 설명되고 있다.'고 쓰고 있다.

<승정원일기>는 승정원에서 국왕의 일거수일투족을 비롯해 각종 회의 및 상소 등 모든 것을 상세하게 담은 역사기록물이다. 조선초기부터 작성되었지만, 인조대 이전의 기록은 임진왜란과 이괄의 난 등을 겪으면서 모두 잃어버렸다. 현재 1623년(인조1)부터 1910년(융희4)까지 288년간의 기록만이 남아 있는 <승정원일기>는 2019년 9월 세계기록유산으로 등재되었다.

참고자료

단행본

김광식(2010) 『우리가 만난 한용운』참글세상
김보영(2007) 『운현궁과 인사동』김영사
김영조(2012) 『아무도 들려주지 않는 서울문화 이야기』얼레빗
김용관(2012) 『서울, 한양의 기억을 걷다』인물과 사상사
김종록(2012) 『근대를 산책하다』다산초당
노주석(2014) 『서울택리지 : Seoul geography』소담출판사
노중국 외(2009) 『시민을 위한 서울역사 2000년』서울특별시사편찬위원회
박경룡 외(1986) 『서울의 가로명 연혁』서울특별시
박경룡(1997) 『남산 아래 큰 동네』이문출판사
박문호 외 「역사적 변천을 통해서 본 서울시 지천의 현대적 활용 방안」서울학연구Ⅶ
박성찬(2006) 『청계천에서 뭘하지? : 청계천 물길 따라 즐기는 서울 도심 여행』길벗
박현욱(2006) 『서울의 옛물길 옛다리』시월
서울역사박물관(2011) 『웃대, 중인 문화를 꽃 피우다』
서울역사박물관(2014) 『600년 서울을 담다』
서울역사박물관(2017) 『백운동천:물길 굽이 돌아 구름 밖으로』
서울역사박물관(2019) 『서울의 전차』
서울역사박물관(2019) 『성균관과 반촌』
서울역사박물관(2019) 『열한집의 오래된 기억, 북촌』
서울역사박물관(2019) 『조선 후기의 군사도시 한양을 이야기하다』
서울특별시사편찬위원회(2009) 『서울지명사전』
신동준(2009) 『개화파열전 : 김옥균에서 김가진까지』푸른역사
안창모(2009) 『덕수궁 : 시대의 운명을 안고 제국의 중심에 서다』동녘
양승우(2020) 『청계천 지천 연구』청계천박물관
유홍준(2017) 『나의 문화유산답사기 9 : 서울편 1』창비
유홍준(2017) 『나의 문화유산답사기10 : 서울편 2』창비
이상구(2003) 『역사도시 서울, 무엇을 지키고 가꿀 것인가?』서울시정개발연구원
이상구(2004) 『지적원도를 통하여 본 서울의 옛 도시조직』한국건축역사학회
이상구(2005) 『서울, 역사도시의 정체성』서울특별시건축사회
이상구(2005) 『서울, 자연과 자율의 도시』서울시주택국/서울시립대학교도시과학연구원
이상구(2008) 『서울의 지형과 도시형태』도시역사문화(7호) 서울역사박물관
이상배(2000) 『서울의 하천』서울역사편찬위원회
이상태 「고지도를 이용한 18-19세기 서울 모습의 재현」서울학연구XI
이상협(1988) 『서울의 고개』서울특별시
이정범(2006) 『저항 문학과 한용운』서강출판사
이혜은 외(2016) 『서울 2천년사 : 1권 총설』서울역사편찬원
전우용 외(2012) 『청계천, 청계고가를 기억하며』마티
전우용 『서울의 기념인물과 장소의 역사성』서울학연구XXV
정명섭(2013) 『조선백성실록 : 우리 역사의 맨얼굴을 만나다』북로드
정희선(2009) 『서울의 길』서울특별시사편찬위원회
조성린(2016) 『종로의 역사·문화 유산』종로문화원
조성린(2017) 『종로의 표석(標石)이야기』종로문화원
조성린(2018) 『종로의 인물』종로문화원
중구공원녹지과(2010) 『중구의 문화재』중구공원녹지과
청계천박물관(2018) 『남소문동천 : 창충단에서 이간수문으로 흐르는 물길』청계천박물관
최열(2012) 『옛 그림 따라 걷는 서울길 : 풍경, 그림, 시 그리고 사람이야기』서해문집

논문·강좌

김대호(2019) <근대기 남산의 변화(조선신궁과 경성신사)> 성저십리Ⅲ, 토요서울학강좌 제3회
김명섭(2019) <한국 아나키스트들의 신사회 건설 구상> (사)우당이회영선생기념사업회
김병기(2019) <이회영의 독립운동 방략과 독리북가 건설 구상> (사)우당이회영선생기념사업회
김성국(2019) <대한민국 건국 강령과 좌우 연합정부 건설 구상> (사)우당이회영선생기념사업회
김왕직(2012) <한양도성의 성곽과 문루> 조선 오백년의 한양도성, 서울역사박물관대학 제22기
김웅호(2017) <조선시대 수도방위와 한강> 조선 오백년의 도성과 한강, 토요서울학강좌 제1회
김청현(2012) <개성도성과 한양도성> 조선 오백년의 한양도성, 서울역사박물관대학 제22기
나각순(2012) <한양도성의 기능과 방위체계> 조선 오백년의 한양도성, 서울역사박물관대학 제22기
문상명(2020) <지도로 보는 서울 : 빛나는 수선의 가치를 담은 지도> KYC시민교육
송인호(2012) <서울 한양도성의 진정성과 완전성> 조선 오백년의 한양도성, 서울역사박물관대학 제22기
신병주(2010) <『승정원일기』에 나타난 청계천 준천(濬川)의 기록> 고전포럼, 한국고전번역원
안창모(2020) <개항 이후 서울의 도시구조와 건축의 변화> KYC시민교육
안창모(2019) <남산-후암동-용산, 100년의 역사> 성저십리Ⅲ, 토요서울학강좌 제3회
안창모(2020) <서울의 도시구조와 건축의 변화> KYC시민교육
양승우(2017) <한양의 도시형태와 물길체계> 조선 오백년의 도성과 한강, 토요서울학강좌 제1회
이상구(2007) <근대도시 서울의 형성> 대학원논문집(36집)
이상구(2012) <동아시아 도성의 역사 속의 한양도성> 조선 오백년의 한양도성, 서울역사박물관대학 제22기
이상구(2017) <동아시아 도성의 역사 속의 한양도성> 조선 오백년의 도성과 한강, 토요서울학강좌 제1회
이상구(2017) <서울의 지형과 도시형태> 조선 오백년의 도성과 한강, 토요서울학강좌 제1회
이상배(2017) <한양에 녹아있는 서울역사의 흔적들> 조선 오백년의 도성과 한강, 토요서울학강좌 제1회
이익주(2017) <동아시아 속의 한양도성의 위상> 조선 오백년의 도성과 한강, 토요서울학강좌 제1회
전덕재(2012) <한국의 고대 도성구조 이해> 조선 오백년의 한양도성, 서울역사박물관대학 제22기
전우용(2012) <대한제국기 이후 한양도성의 변모> 조선 오백년의 한양도성, 서울역사박물관대학 제22기
전우용(2020) <인문학으로 보는 도시> 서울 kyc시민교육
홍순민(2017) <북한산과 한강 사이 한양도성> 조선 오백년의 도성과 한강, 토요서울학강좌 제1회
홍순민(2017) <한양도성에 밴 땀과 눈물> 조선 오백년의 도성과 한강, 토요서울학강좌 제1회

웹사이트

공훈전자사료관 http://e-gonghun.mpva.go.kr
국가기록원 https://www.archives.go.kr
국내독립운동·국가수호사적지 http://sajeok.i815.or.kr
국립문화재연구소 http://www.nrich.go.kr
기록물생산기관변천정보 http://theme.archives.go.kr
네이버뉴스라이브러리 https://newslibrary.naver.com
다음백과 https://100.daum.net
다음사전 https://dic.daum.net
문화콘텐츠닷컴 http://www.culturecontent.com
브런치 https://brunch.co.kr
서울시설공단 https://www.sisul.or.kr
서울역사박물관 https://museum.seoul.go.kr
서울역사편찬원 https://history.seoul.go.kr
서울지명사전 https://history.seoul.go.kr/nuri/etc/sub_page.php?pidx=146579435936
서울하수도과학관 https://sssmuseum.org
서울학연구소 https://seoulstudies.uos.ac.kr
오마이뉴스 http://www.ohmynews.com
승정원일기 http://sjw.history.go.kr
조선왕조실록 http://sillok.history.go.kr
종교교회 http://chongkyo.net

종로엔다있다 http://tour.jongno.go.kr
중구문화관광 http://www.junggu.seoul.kr/tour
청계천박물관 https://museum.seoul.go.kr/cgcm
카카오맵 https://map.kakao.com
코리안헤리티지 https://artsandculture.google.com
한국민족문화대백과사전 http://encykorea.aks.ac.kr
한국역대인물종합정보시스템 http://people.aks.ac.kr
한국역사정보통합시스템 http://www.koreanhistory.or.kr

지도
경성도 동판 1908
경성부공원계획지도 1920년대
경성부관내도 1918
경성부관내도 1931
경성부근지도 1900
경성부명세신지도 1914
경성부시가도 1911
경성시가도 1927
경성시가도 1933
경성시가전도 1917
경조오부도 1861
도성대지도 18세기 후반
도성도 1750년대
도성도 1860년대
도성삼군문분계지도 1750년대
사산금표도 1765
서울 1913
수선전도 1892
자도성지삼강도 1750년대
지번구획입경성전도 1946
지번입서울특별시가지도 1958
최신경성전도 1907
한성도 1861
한성부지도 1899 (수기사 크럼이 제작한 한성부 지도)
한양경성도 1900
한양도 1822
한양도성도 1770년대

기타
<경향신문>
<대한매일신보>
<데일리메디>
<동아일보>
<매일경제>
<별건곤>
<주간경향>
<중앙일보>